# 學校體育探微

文多斌◎著

# 范序

學校體育在教育的範疇中,始終佔有一席之地。伴隨著時代的變遷及課程的改革,學校體育的課題也不斷的被學者專家及社會大眾討論著。尤其是邁入廿一世紀以來,學校體育所扮演的角色不僅僅是促進學童身體機能的發展而已,其更涵蓋了體適能的增進及運動習慣的建立,並以追求健康為最終目的。因此,在學校體育的範疇中所衍生出來的問題與日俱增,這些問題是站在第一線的體育授課教師必須面對與解決的課題。

多斌是個優秀且勤快的研究者,在繁忙的行政與教學工作中,他總能督促自己,不斷的寫作與發表。從本書十六篇的著作中,可以看出他的用心。他不僅針對平時在體育課程設計與教學的實務問題進行深入的探究,同時對於運動教育的相關課題也投注關心。難得的是,多斌身體力行發掘問題,面對問題,且研究問題,並將自己研究的心得貢獻出來供大家分享。

欣聞多斌將自己近年來的著作集結成書,公開出版。筆者除了衷心的祝福之外,更樂為之序。

台東大學體育學系教授

范春源

# 自序

　　本書乃作者於各個不同時期所撰寫之文章，雖然大多數的文章均已發表過，但各章之深度與功力卻不太相同。唯一能辯解的是，除了方便個人收藏之外，集結成冊後的作品，能發揮更大的意義。

　　一、現代的意義：教學相長與終身學習的理念得以闡揚。二、學術上的意義：本書乃理論與教育實踐的融合，在實質上，更具說服力。

　　本書順利出版，除感謝台東大學體育系教授們之啟蒙與指導以及研究所同窗之相互砥礪外，亦感謝桃園縣東安國小同仁們的鼓勵與支持。其次，愛妻徐美娟老師於教書之餘，無怨無悔操勞家務，使作者能安心寫作，更功不可沒。最後，對於秀威資訊科技股份有限公司不計成本，慨允出版，亦致上最誠摯的感恩。

　　由於作者所學有限，才疏學淺，疏漏難免，不周之處尚乞學者專家、教育界同仁包涵，並請不吝指正。

文多斌　　謹識

2005 年 1 月

# 目錄

# 壹、課程教學篇

# 有趣的「弄丸」教學

## 壹、前言

　　九年一貫課程即將實施，有百分之二十的彈性課程，也賦予教師教學的選擇權，而教師也必須有能力來設計課程，安排具有創意、樂趣化的有效教學。

　　筆者今年暑假有幸在臺東師範學院進修，在王教授敏男先生的指導下，習得弄丸教學新知，深感有趣，頗適合大家在設計課程時，融入進去，值得推廣，故為文替大家介紹。

　　弄丸是戰國時代的遊戲，其事始見於莊子，古有丸經，惜未詳其制。自晉以後，其術失傳，至宋徽宗時有弄丸新法出現，惜無可考。日本正倉院御物彈弓漆畫（散樂圖）中有一人雙手弄丸，六個在空中，是由中國傳入的遊戲方法。（吳文忠，1991）

　　在漢代稱為「跳丸」，在「跳丸盤鼓疊案畫像磚」中，右下角就是一個正在拋擲五個圓球的藝人。（蔣勳，1997）

## 貳、弄丸教學的好處

　　弄丸有下列七種主要的教育價值。（王敏男，1998）

一、能訓練學習者手眼協調的能力

二、能訓練學習者的韻律感

三、能讓學習者專心

四、能讓學習者設定目標

五、能讓學習者發揮創造力

六、培養學習者間（兩人一組）的合作精神

七、培養學習者的自信心

而筆者認為尚能

一、促進師生間的情誼

二、培養同學間的情感

三、能從多元化的角度去看事物

在國外已把弄丸作為小學體育教材，而國內體育課程尚未納入（王敏男，1998），正因如此，我們更應好好推展這項好處多多的弄丸遊戲。

## 參、弄丸教學

### 一、器材：

棒球、疊球、橡皮球、網球、高爾夫球、沙包，甚至柳丁、橘子。

### 二、「一球」弄丸教學

開始時先培養球感，雙手只用一顆球，用你的慣用手（如用右手執筆）拋向左手，弧度要適中，來回反覆練習。如圖一

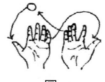

圖一

一球是最簡單練習的，但基礎要打好，技巧要熟練。

### 三、「二球」弄丸教學

　　二球的技巧就需要高一點了，就我們實際練習的狀況而言，還是得多練習才能達到手眼協調的境界，教學法如下：

（一）左右手各執一球分成①號 ②號，如圖二。

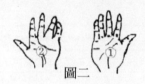

圖二

（二）右手先拋（慣用手），當①號球在空中最高點時，此時左手將 ②號球拋出，並準備接①號球，請看圖三、圖四

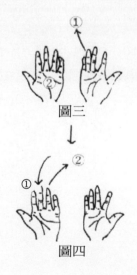

圖三

↓

圖四

（三）當左手接到①號球時，右手就要準備 ② 號球了，
　　　如圖五。

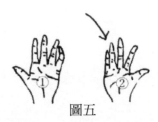

圖五

　　此時 ① 號球及 ② 號球的位置已經互換，即已成
功，反覆練習務使達到精熟為止。

四、「三球」弄丸教學

　　又比兩球更艱深，不過別怕，請看下面的說明，我們
可將三球弄丸教學分成 A、B、C 三段，如此循序漸進，
即可體會出其精髓所在：以下是三球弄丸教學要點：

A 段：

（一）右手（慣用手）執 ① 號 ③ 號2球，左手執 ② 號
　　　球。如圖六。

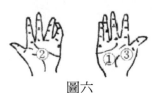

圖六

（二）先將①號球拋出，待①號球到達頂點時迅速將 ②
　　　號球拋出，並準備接①號球。(此與二球弄丸教學是
　　　一樣的，只是右手現在多一顆 ③ 號球)。

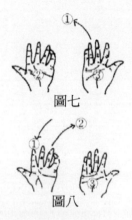

圖七

圖八

　　接下來 ② 號球用右手將其接任。到此為 A 段，也就
是訓練一雙手能含著兩顆球。如圖九。

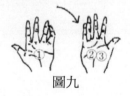

圖九

B 段：

　　當 A 段過程相當熟練時，開始進入 B 段，承接圖八，
當左手接到 ① 號球時，此時 ② 號正向右手掉落，正當
此時，右手趕緊將號球 ③ 順勢拋出，並準備接 ② 號球，
如圖十。

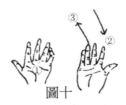

圖十

接下來 ③ 號球往左手落下,將其接住。此時右手的
① ③ 號球已到左手,而 ② 號球已在右手,我們稱此為 B
段,如圖十一。

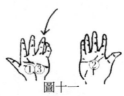

圖十一

C 段:

當 B 段過程學生已非常熟練時,即可進行 C 段,也
就是三球弄丸的最高境界了。承接圖十,當 ③ 號球在最
高點時,此時①號球順勢拋出,準備接③號球,接著①號
球到達最高點時,② 號球順勢拋出並準備接①號球,如此
循環下去,成 8 字形路線。

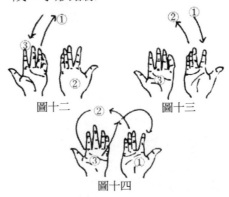

圖十二　　　　　　　　圖十三

圖十四

16

　　分段練習，是達到熟練的一個好方法，當然如有同學能很快領悟，則不必拘泥在分段練習上，可允許其先行練習。

## 肆、弄丸教學變化

　　當個人三球弄丸練習皆已熟練，我們可進行一些變化的練習，可分成兩人一組四顆球，兩人一組六顆球變化可由學生自行創作，發揮、啟發其興趣及智慧。

　　一、兩人一組四顆球

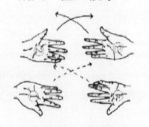

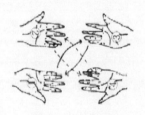

圖十五　直線型　　　　　　圖十六　交叉型

　　二、兩人一組六顆球

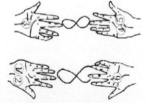

圖十七　直線型　　　　　　圖十八　交叉型

## 伍、結語

　　教學是一門藝術，也是一門科學，創意、樂趣化的教學更是我們所應該共同努力的目標。經由此次的學習，對體育教學，更有一份深刻的體悟，誠如王敏男（1998）所云：弄丸已不再具有神秘感，不再是馬戲小丑，啞劇和街頭表演者的專利。弄丸已成為一種有趣的活動。

　　東漢時代「舞樂雜技畫像磚」中的弄丸景象的確令人有一股思古懷情之感！弄丸對小學生而言是一種樂趣化的新奇體育活動。而筆者認為對中學生，甚至大學生，都是一項極富挑戰力的遊戲。

### 參考文獻

1. 王敏男（1998）。國小體育教學研究－弄丸(Juggling)教學．臺灣省學校體育 8 卷 2 號，頁 4-9。

2. 吳文忠（1991）。體育史。臺北：正中書局，頁 284 頁。

3. 陳允鶴（1995）。中國歷代藝術繪畫編（上）。臺北：臺灣大英百科股份有限公司、巨英國際股份有限公司。

4. 蔣勳（1997）。中國美術史。臺北：東華書局，頁 26-28 頁。

5. Dauer, v,,& Pangrazi, R.(1995). Dynamic physical education for elementary school children(11th ed). New York：Macmillan.

（本文摘自國教輔導 38 卷 6 期 1999 年 8 月）

# 另類思考——

# 運動電玩在體育教學上應用之探討

## 壹、前言

在新媒體與傳統媒體並陳的時代裡，應用聲光效果極佳的運動電玩來輔助體育教學軟體的不足，進而對體育教學開啟新的想像空間，是一項極有趣的工作。唐吉民（1998）指出：利用電腦多媒體的聲光影音功能，使其感官受到不同以往的刺激，體育課不再只是不斷的運動再運動，正確的相關知識學習也是體育教育重要的一環，無論是基本動作的分析；精彩比賽的觀賞與講解，皆可以更生動活潑的方式來呈現，達到樂趣化的上課方式與教學效果。

資訊教育正蓬勃的發展著，全國擴大內需專案也在今年完成驗收，中小學資訊教育即將全面展開，有關的教材軟體紛紛出籠，無論是國語、數學、自然、社會、音樂與美勞各項軟體，各廠商無不絞盡腦汁的設計開發，唯獨體育科，似乎為人所遺忘，而從事體育教學的我們深感遺憾。

國民小學體育教學的評量當中，以認知 20% 、情意 20% 、技能 60% 為評分標準，而知識的教學，如何使其豐富、不枯燥，相信在運動電玩的帶領之下，能引導同學有更深一層的認識，而對於運動技能較差的同學，也能在運動電玩中找尋到成就感。

　　本文擬從情境、建構學習理論、後現代主義與虛擬實境觀點，來闡述一種以學生為中心、以樂趣為經、以創意為緯，交織而成的有效學習策略。

## 貳、情境學習理論

　　傳統的學習理論，常將教師認為所謂好的教學方法傳送給學生，近年來，此種過度簡化的觀點，逐漸式微，取而代之的是情境教學。Brown,Collins,& Duguid（1989）指出，情境學習強調知識是學習者與情境互動的產物，且本質上深受活動、社會脈絡及文化的影響（引自徐新逸，1998）。

### 一、「錨式情境教學」

　　「錨式情境教學」是「情境學習」與科技的產物，美國 Vanderbilt University 的認知科技群（CTGV）以「情境學習」的理論為基礎，運用新科技來研究學習者的知識建構歷程，提出了「錨式情境教學」（anchored Instruction）。其主要精神在於生活中有許多可資應用的素材範例，將重點定位在一個情境中，引導學生藉著情境中的資料發覺問題、形成問題、解決問題（徐新逸，1998）。藉此讓學習者能從運動電玩中將技巧及知識應用到實際的生活當中。

### 二、「錨式情境教學」的應用

　　目前坊間的運動電玩包括有：NBA LIVE 99、台灣職棒大聯盟、美國職棒大聯盟 2000、網球高手之法國公開賽、Brunswick 職業保齡球大賽、GT 超級房車賽等等，而這些電玩，也豐富

了青少年的生命，在融入的情境當中，不知不覺的，即可學會一般的運動規則。以 NBA LIVE 99 為例，遊戲一開始就是真實精彩的比賽場景，聲光效果彷彿置身在比賽當中，你可選擇你所要的隊伍，也可選擇當教練來指揮全場，更可以成為球員馳騁在籃球場上，與你的偶像共赴沙場。唯一可惜的地方是，因為肖像權的關係，籃球之神麥可喬丹的影像無法顯現，但不失其球賽的精彩度。

## 參、建構主義

近年來，建構主義的知識論在教育及心理學界均掀起相當大的熱潮，對行為認知學派也產生了很大的衝擊。建構主義強調，知識並非建立在客觀的事實之上，而是人們基於過去的知識和經驗所建構出來的。在未來的教育思潮中，建構主義必定是每一位教師所必須具備的知能。

### 一、建構學習理論

教導學生學習任何科目，絕不是對學生心靈中灌輸些固定的知識，而是啟發學生主動去求取知識與組織知識。教室不能把學生教成一個活動的書櫥，而是教學生如何去思維，教他學習要像歷史家研究分析史料那樣，從求知的過程中組織屬於他自己的知識，所以求知是自主活動的歷程，而非只是承受前人研究的成果（張春興，1998）。因此，建構學習環境必須提供資源豐富的學習空間和時間，極多樣化的教材，讓學生有親身經歷，主動學習的機會，容許學生有批判思考和改進的空間（陳素貞，1998）。

## 二、建構學習理論的應用

　　遊戲是孩子的天職，如果我們認定學習需要不斷的練習才能記憶和轉換知能，那遊戲是最好的練習方式。將「學習單」運用於建構理論中，是一個非常好的方式，因為設計學習單就是在為孩子的思想找出口，以孩子們思考的路徑去成就他們自己的答案（宣美娟，1999）。

　　以運動遊戲 NBA LIVE 99 為例，我們可設計下列簡易的學習單，如表一：

表一　體育科學習單　　　時間　120 分鐘

| |
|---|
| ❖　　小朋友今天你們要參加 NBA 的籃球比賽請問你會選擇哪一隊？請說明你們的理由。 |
| ❖　　請問你們要選擇教練模式還是選手模式？請說明你的理由。 |
| ❖　　經過這次比賽，請將這次你們參加所學到的規則記錄下來。 |
| ❖　　經過這次比賽，請將這次你們參加所學到的 NBA 比賽制度做一個說明？ |
| 組員： |
| 教師建議： |

　　學習單不應該是另類的測驗卷，透過開放式的問題，由學生們集思廣益、相互討論，建構答案，少了分數的記錄，有了教師的回饋，孩子更能輕鬆的學習，有了學習單也能引導孩子的學習。

## 肆、後現代主義（postmodernism）

### 一、後現代主義的特色

在經濟、科技、教育、社會變遷如此迅速的時代，帶領我們走向一個前所未有的進步階段。陳伯璋（1997）指出，科學主義雖然帶來了文明物質的進步，然而理性偏窄化卻帶來人類文明的危機。因此後現代主義主要就是針對現代主義過於強調普遍性、共通性、絕對性、規範性、統一性且深受科學與技術之影響，所提出質疑、批判而興起的一種思潮（吳坤銓，1997）。

### 二、後現代主義的教育觀

後現代主義強調個別性，每個人都有自己的價值觀，並反對特定階級所建立的官方知識，強調反中心、反權威，所以課程的設計應以開放的系統，容納各種對立及差異的論述。因此，後現代的資訊特質將降低教師的知識權威、地位，教師應努力進修吸取新知（羅青，1997）。

教育的對象是人，具有豐富的生命內涵，如何喚醒人的主體理性，發揮批判反省的功能，正是教育努力的方向。因此，後現代主義強調的是多元性、批判性、人性化及重視個體性的教育觀。突破制式的教育，發展多元性的學習方式，運動電玩的確是值得一試的輔助教學軟體。

## 伍、情境學習、建構學習、後現代觀點與虛擬實境的結合

Helsel（1992）指出，虛擬實境是一種「人類的訊息處理過程」（human process），將使用者變成抽象空間的參與者，在這抽象空間內，實體機器（physical machine）及實體觀眾（physical viewer）是不存在的（引自陳玉玲等，1998）。在虛擬實境的世界裡，使用者可透過充分的配備和虛擬世界裏的物體交互作用，透過各種操作界面來操控物體，以便更接近真實的世界（何敏煌，1994）。在運動電玩軟體日新月異的進步情形來看，虛擬實境的設計在未來必定是運動電玩的新主流。因為，虛擬實境強調學生的主動建構、情境的學習並能引起學生的學習動機，而其人性化的設計，更能使學習者不受時空、環境限制，嘗試多樣性的體育活動。

## 陸、結論與建議

林語堂先生曾說過一句話：「教育不是學分跟文憑，其實是一場心靈的探索」（引自李春芳，1996）。電腦輔助學習（Computer Assisted Learning）運用到運動學習方面，特別是動作的認知，是一有效可行的模式（李榮哲，1999）。因此，購買運動遊戲軟體，來彌補體育科輔助教學軟體短少的缺憾，是一向可行的方案；在此同時，體育人員應與資訊界進行合作，為體育資訊化、科技化而努力？目前飛行員的訓練都已利用到電腦中的虛擬實境來完成，相信不久的將來，我們一般人也可與職業明星同場較勁，完成我們自己無法達成的夢想。

# 參考文獻

1. 李春芳（1996）。學科教學與教學媒體。<u>中等教育，四十七卷三期</u>，頁 57-65。

2. 何敏煌（1994）。多媒體的明日之星－虛擬實境。<u>資訊與教育雜誌</u>，八月，頁 20-25。

3. 李榮哲（1999）。電腦多媒體於運動學習的運用。<u>國民體育季刊，二十八卷二期</u>，頁 27-35。

4. 吳坤銓（1997）。後現代主義社會的課程設計。<u>教育資料與研究，第十七期</u>，頁 63-67。

5. 宣美娟（1999）。活化教學的新利器－善用學習單。<u>翰林文教雜誌，第三期</u>，頁 28-30。

6. 唐吉民（1998）。利用電腦多媒體電腦系統創造樂趣化的體育課。<u>國民體育季刊，二十七卷四期</u>，頁 28-36。

7. 徐新逸（1998）。情境學習對教學革新之回應。<u>研習資訊，十五卷一期</u>，頁 16-23。

8. 陳玉玲，周宣光，井敏珠（1998）。虛擬實境在建構教學上的應用。<u>教育與研究，第六十一期</u>，頁 65-71。

9. 陳伯璋（1997）。<u>教育思想與教育研究</u>。台北，師大書苑。

10. 陳素貞 （1998）。We made It－教學媒體在建構學習的運用。<u>班級經營，三卷三期</u>，頁 26-29。

11. 張春興（1998）。<u>教育心理學－三化取向的理論與實際</u>。台北，東華。

12. 劉一民（1991）。運動哲學研究。台北，師大書苑。

13. 劉得邵（1997）。結合電腦多媒體之美勞教學－美勞科多媒體教材開發及應用。研習資訊，十四卷四期，頁 41-47。

14. 羅青（1997）。什麼是後現代主義。台北，學生。

15. 羅清水（1998）。認知心理學理論對電腦輔助教學設計發展與成效之影響。研習資訊，十五卷一期，頁 1-15。

16. Brown, J.S., Collins, A., & Duguid,P.（1989）.Situated cognition and the culture of learning. Educational Researcher,18（1）,p32-42.

17. Carmichael, H.W.（1985）.Computers, children and classroom：A multisite evaluation of the creative use of microcomputers by elementary school children final report. Toronto,Ontario：Department of Education.（ERIC ED 268 994）

18. Perkins, D.N.（1991）.Technology meets constructivism：Do they make a marriage. Educational Technology,31（5）,18-23.

（本文摘自國教之聲 33 卷 1 期 1999 年 10 月）

# 九年一貫課程──

# 「健康與體育」之終身運動觀

## 壹、前言

　　九年一貫課程是以民國 82、83 年所公佈的國中小課程標準為基礎，所發展出來的二十一世紀新課程。未來，新課程將分「七大學習領域」，包括：語文、健康與體育、社會、人文素養與藝術、數學、自然與科技及綜合活動，希望以合科學習精神取代現行的分科教學；並培養學生「十大基本能力」為主要目的，包括：了解自我與發展潛能、溝通表達與分享、尊重關懷與團隊合作、主動探索與研究、獨立思考與解決問題、運用科技與資訊、規劃組織與執行、欣賞美感表達與分享、文化學習與國際理解、生涯規劃與終身學習。

　　九年一貫課程最終之精神在培育身心均衡發展之健全國民，以因應新世紀的需要；目前多數例行教改的國家中，如：澳洲、紐西蘭、日本等都有「健康與體育」這個領域，因此「健康與體育」是舉足輕重的（晏涵文，1999）。「健康與體育」這個領域，是一切學習的基礎，擁有健康的身心，才能規劃生涯，終身學習（熊鴻鈞，1999）。而其內容最主要的，也就是培養學生能從事符合個人身心健康的工作休閒態度與活動，進而養成終身運動的習慣，並建立對死亡與老化的正確態度。

本文擬從「健康與體育」領域階段，基本能力指標中所提出的「終身運動與健康」這個觀念來探討，以做為學校體育教師的參考。

## 貳、終身運動的起源與涵義

「推展終身教育，邁向學習社會」是當前我國及很多先進國家所追求的教育願景（教育部，1998）。終身運動是近十年來隨著終身教育的思潮及運動的蓬勃發展而來，進而成為衝擊現代體育運動發展最重要、最具影響力的一種概念（黃振紅，1996）。

終身運動這個名詞以前是使用「社會體育」，這是對應於學校體育而言，而學校體育，乃是在學校所從事富有教育意義的身體活動，因而社會體育含有學校畢業後所實施的意味。（藤原健固，1993）。

因此，隨著社會經濟的繁榮，人口高齡化的問題出現，周休二日的實施，使人類的生活方式發生了改變，隨之而起的是大家逐漸重視自我的身體健康，運動成為生活的一部份，一種增進自己健康的習慣，終身運動逐漸為人們所重視。蔡崇濱（1996）指出，終身運動乃是人們依自我的意願、興趣與能力，選擇適合自己的運動項目，貫穿一生並融入日常生活之中，以享獲豐盛運動文化，營造多彩的生命內涵。張思敏（1995）也指出，能讓學生在將來的社會生涯裡，所從事的運動稱之為終身運動。因此，學校的體育課乃是終身運動的基礎，身為體育教師的我們，更應戮力以赴，完成使命。

## 參、終身運動與規劃

在九十年代後，由於人們對身體活動的觀點改變，日本教育部設立了「生涯學習局」，將學校體育放置於該局內，學校體育很明白的被定位於終身運動的一部份，所以說，學校體育的目的乃是做為畢業後對體育運動的橋樑（藤原健固，1993）。

新加坡政府於民國八十五年九月由總理正式發起「終身運動」的活動，鼓勵每位國民都有能力至少精通一種運動，並趁年輕時選定一項運動練習，養成運動習慣（黃振紅，1996）。

我國的「行政體育委員會」於民國八十六年七月成立以來，辦理了一系列的「陽光健身計畫」，目的也是要推動全民運動，使全民迎向陽光、展現青春、享受運動健身和親子同樂的樂趣，達到終身運動的目標。因此，要落實推動終身運動，必須掌握以下原則：

（一）全民化：運動健身是每一個人都應從事的活動；上至國家元首，下至一般百姓，人人都應愛好運動，從事運動。

（二）社區化：要使人人有健康的身體，不能依賴在大都市的大型運動館，而是要靠遍及全國的廣場、小型運動場、學校、河川、山林，讓人人可以不必花費便能接近；並鼓勵社區運動指導員制度的建立。

（三）終身化：運動是任何人由少到老的終身活動，不是只有青年人的事，也不只是在學校的事；當然更不是到了退休以後的事。值得強調的是：國人應該從年輕時就養成運動的習慣。

（四）多元化：運動項目要多元化，但不能鼓勵耗費過多的項
目。一般而言，國民從事運動的目的，也不是單純的為
了健身；而同時可以提供社會交誼機會，增進社區意
識，培養團結合作和勇於奮鬥的精神。

　　由於政府對「全民運動」及「終身運動」的重視，使我國
的體育發展，又有了一個很好的開始，身為基層教師的我們，
更應戮力以赴，完成使命。

## 肆、體育教師的使命

　　無論是因為興趣或專長，或是被迫安排體育課，都應該要
有強烈的使命感。切勿抱持著「一個哨子，兩顆球，老師學生
都自由」的觀念。在這跨世紀的教改工程中，好好的將「人類
靈魂的工程師」這個角色扮演妥當。以下提出三點與大家共勉：

### （一）運動玩家

　　體育教師必須有玩家的心態。劉一民（1994）指出，玩家
的教學在間接的幫學生模仿、擬情，來體驗玩家的世界，開啟
玩家的方程式。體育教學中最重要的催化劑，就是運動玩家的
心態，他有如細菌一般是會傳染、滲透的（李加耀，1998）。

　　如果我們失去了玩心，沒有那股活力，則我們的教學將流
於形式、僵硬而無生氣，學生當然無法感受到我們的那股熱力，
足以令他們如癡如醉的運動生命力。與學生玩在一起，愛護他、
保護他，教學相長，我們才能找回已失去的童心。

## （二）進修與盡休

蔡仁川（1998）指出，面對終身學習時代的來臨，所有教師不論是體育科任與否，多多少少都應具備一些運動指導與諮商的能力。如：簡易的運動處方、運動傷害防治、體育設備及器材使用知識等。

鄭光慶（1999）也指出，依據調查（中國時報，87.10.13）：體育課是中、小學生最喜歡的科目。然而我們大部份的體育老師，常以過去所學教育現代學生，去適應未來社會，學生一旦畢業，對於運動知能毫無習得，自難養成終身運動的習慣，乃至全民體育。

因此，教師在職進修是必然的趨勢，無論是何種形式的進修，都有助於教師的自我成長，並能幫助學生的學習，千萬不可抱持著「鐵飯碗」的心態，也不可有「養老」的想法及「半退休」狀態，否則教學生涯有如「一灘死水」又有何意義呢？要進修不要全部都休息，對自己、對學生皆無好處。

## （三）體育教學正常化

國民小學是最沒有壓力的階段，學校體育教學應朝多元化的方向走，讓學生能多接觸各式各樣的活動，如舞蹈、球類、國術、體操、田徑、游泳等。使學生能經由廣泛的學習，找出最適合自己的運動，以便作為日後終身運動的基礎。因此，學校應訂定體育年度計畫及編定教學進度，做為學校行政執行和體育教學的依據，並確實執行，則體育課的實施必能趨於正常。

　　國小運動的學習應以遊戲為出發點，讓學生感覺，參與運動是種樂趣不是苦役。體育教學若過度偏重專項運動技術的獲得，往往會將教學方式導向選手訓練的模式，而使大部分的學生產生挫敗感（黃榮宗，1998）。因此，為了不讓學生失去信心，降低學習興趣，樂趣化的教學設計、適性化、個別化的教學方法，則是教師所應努力的方向。

## 伍、結語

　　九年一貫課程考驗著未來教師的能力，也賦與教師一神聖的使命，給予孩子多樣的選擇、適當的安排、勿以技能為取向，多方進修，所謂「大人者，不失其赤子之心」，熱情的參與小朋友的學習集團裡，共同創造「終身運動快樂多，終身流汗健康多」的願景。

## 參考文獻

1. 王宗吉（1982）。體育運動社會學。台北，銀禾文化事業有限公司。

2. 王則珊（1994）。終身體育。北京，體育學院出版社。

3. 王春堎（1999）。因應九年一貫課程－體育教師應有的認識及作法。研習資訊，第十六卷第三期。頁 69-74。

4. 余安邦（1999）。夢中情人－九年一貫課程。教育資料與研究，第二十六期。頁 19-22。

5. 李加耀（1998）。體育教學的迷失-重拾運動玩心。<u>台灣省學校體育，八卷四十七期</u>。頁 67-69。

6. 吳清山等（1996）。終身教育。<u>教育資料與研究，第九期</u>。頁 132。

7. 教育部（1998）。<u>邁向學習社會</u>。台北，作者。

8. 晏涵文（1999）。「健康與體育」讓還子擁有體適能。<u>翰林雜誌，第四期</u>。頁 27。

9. 陳淑英。（1995）日本終身教育的發展與現況。台北。<u>社教雙月刊</u>。

10. 許義雄（1998）。學校體育的危機與轉機。<u>台灣省學校體育，第六卷第四號</u>。

11. 張思敏。（1995）。終身運動的課程與教學概念闡述。<u>大專體育，第二十二期</u>。頁 17-18。

12. 梅燕芳。（1995）。大專體育課旨在培養終身運動。<u>大專體育，第二十期</u>。頁 21-22。

13. 黃振紅（1997）。略論終身運動。<u>新埔學報，第十五期</u>。頁 31-43。

14. 黃富順（1999）。終身教育的意義、源起與實施。教育資料集刊，第二十四輯。頁 1-20。

15. 黃榮宗（1998）。國小體育的省思。<u>國教世紀，第一百八十一期</u>，頁 25-28。

16. 劉一民（1994）。建構運動玩家世界－運動玩家開啟方式的省思。中等教育，四十五卷三期，頁 29－32。

17. 熊鴻鈞（1999）。九年一貫制體育課程之我見。台灣省學校體育，第九卷第三號。頁 42-45。

18. 蔡仁川（1998）。周休二日制與國小體育的發展。國教世紀，第一百八十一期，頁 4-6。

19. 蔡崇濱。（1996）。略論大學體育與終身運動的銜接。大專體育，第二十七期。頁 16-20。

20. 鄭光慶（1999）。終身學習對體育發展的啟示。國民體育季刊，第二十八卷，第一期。頁 97-100。

21. 歐用生（1999）。國民教育課程綱要的內涵與特色。師友，第三百七十九期。頁 10-15。

22. 藤原健固述，蔡櫻蘭譯（1983）。終身運動的發展方向與課題。國民體育季刊，第二十二卷，第一期。頁 109-112。

23. 羅清水（1999）。九年一貫課程中的教學觀。研習資訊，第十六卷第二期。頁 1-11。

24. Day, C. W.（1998）. The role of higher education In fostering lifelong learing

25. Partnerships with teacher. European Journal of Education, 33（4）,419- 433 .

（本文摘自桃園文教第十五期，2000 年 1 月）

# 經驗分享——有趣的「汽球傘」教學

　　汽球傘的運用，在幼兒教育中較常看到，也較常運用於幼稚園的才藝表演會中，因為，其五彩繽紛的絢麗效果，往往能帶來節目的高潮。筆者去年暑假至台東師院進修，經由王敏男教授的教學介紹，發現了其可愛有趣之處。因此開學後調查班上同學是否嘗試過？其中只有一位同學看過，因為此生家中是開幼稚園的。這更增加我要將此有趣且富有創意的汽球傘教學帶給大家。於是向幼稚園借了一具汽球傘，將這份學習成果與大家分享，不出所料，同學們就像剛出籠的小鳥一樣，展翅高飛，雀躍不已，也帶給自己一份無比的信心。

　　雖然在國小的各大教科書中未曾列入汽球傘教學，這正也給予了二十一世紀的教師，發揮教師專業自主能力的一項教學契機。美國學者 Dauer,V. ＆Pangrazi,R.也提出了汽球傘教學對身體適能的幫助，並為文介紹，因此教師的多方嘗試與創新更是未來努力的方向。

　　汽球傘是幼兒體能遊戲的一種，從遊戲中賦予學生適當的體能感官動作訓練，可促進體能動作的發展，甚至可矯治腦傷、情緒不穩、或智能不足的孩子（邱俊銘，1996）。汽球傘甚至能發展成韻律舞蹈，配合著音樂，婆娑起舞，非常的有趣。

　　汽球傘，是一項注重團隊精神的教學活動，以六年級一班38人為例，圍成一圈，光是做一個「蒙古包」的動作，可是練習了好幾次，大家的默契才能達到一致。再縮減人數，男生一組、女生一組，女生很快的兩次即可達成，男生則貪完、愛搞怪，試了多次才成功，因此，合作與互助，是汽球傘另一項的重要學習指標。

以下介紹幾個較具代表性的動作：

一、麥當勞：手持汽球傘，先蹲下，然後急速站立，將汽球傘提高，再急速壓在地上。如照片一。

照片一

二、蒙古包：高舉汽球傘，然後躲進汽球傘內，轉身急速將汽球傘壓在地上。如照片二。

照片二

三、萬佛朝宗：一位同學坐於汽球傘正中央，成打坐姿勢，其
　　他同學在外單手持汽球傘旋轉。如照片三。

照片三

四、波濤洶湧：一位同學翻滾於汽球傘中，其他同學在外雙手
　　持傘，用力抖動。如照片四。

照片四

五、貓捉老鼠：同學將傘舉起，一人當貓、一人當老鼠，繞著
　　汽球傘跑，或穿梭其間，跑累了可拍打同學，以示換人。
　　如照片五。

照片五

教學是一門藝術，也是一門科學，創意、樂趣化的教學更是我們所應共同努力的目標（文多斌，1999）。汽球傘教學還有許多的花樣，等待大家去挖掘。凡走過必留下足跡；凡教過必留下歡樂。學童綻放笑容的臉龐，即是我們動力的泉源，多聽、多看，多發覺，體育教學可以呈現出更有意義的活動，不要認為他沒有用，試試看就知道，不想試呀！那不如老去吧？

## 參考書目

1. 文多斌（1999）。有趣的「弄丸」教學。<u>國教輔導第 38 第 6 期</u>，頁 29-32。

2. 王敏男(1998)。國小體育科教材教法‧台東：時岱印刷。

3. 王敏男（1996）。體育教學研究－兒童與體適能。台灣省學校體育，第六卷，第六號，頁 10-19。

4. 邱俊銘（1996）。幼兒體能遊戲。眾望文化事業有限公司。

5. 吳啟通（1998）。有趣的幼兒體能韻律舞蹈第十九集。吳啟通幼兒韻律舞蹈研究中心。

6. Dauer, V., & Pangrazi, R. (1995). Dynamic physical education for elementary school children.（11th ed）New York：Macmillan.

（本文摘自桃園文教 16 期，2000 年 3 月）

# 和自己賽跑──體育課中的小班教學精神

# 以體適能課程設計為例

## 壹、前言

在傳統的觀念裡，體育課往往是屬於運動健將的天地，他們集三千寵愛於一身，如果再加上老師抱持著「一個哨子兩顆球，老師學生都自由」的觀念，那對一般的學生而言，無疑是雪上加霜。體育課是屬於全體學生的，不是少數人的；因此，在小班教學中，教師應充分掌握小班教學的精神，予以妥切的安排。本文擬從「自我超越」「自我比較」的角度，提供一個讓每位學生都有成就感的體育課，達到小班教學的目標。

## 貳、小班教學的精神

所謂小班教學精神乃指「多元化、個別化及適性化」的教學精神，以滿足學生個別學習需要，在此目的與理念下，無論班級規模大小，小班教學精神均存在及適用之（徐藝華，1999）。只降低班級人數並不能保證教學一定成功；有效教學應建立在教師與學生所共同營造的良好學習情境上。因此，提昇師資素質、增進師生互動、設計課程、統整教材、活化教材，多元評量、豐富學習環境、建構親師合作，共同營造學習型的學校，小班教學的精神才得以發揮（黃雅鳳，1999）。

41

## 參、和自己賽跑－體適能課程設計為例

### 一、「健康體適能」與「競技體適能」

何謂體適能（Physical Fitness）？體育大辭點解釋「體適能是身體適應能力的簡稱」，而其包含身體結構、身體功能及運動能力三要素。各人對體適能的需求水準與項目因其目的而不同，因此談到體適能，首先我們必須知道的是「健康體適能」與「競技體適能」的差別在哪兒？王敏男（1998）指出，「健康體適能」是透過規律的身體活動，能增進或維持身體健康。體適能包括：心血管適能、體脂肪、力量、耐力和柔軟度等五項體適能要素。「競技體適能」是指能讓一個人在競技運動的活動中去表現身體的各種特質，而其受遺傳所控制。競技體適能包括：協調性、平衡、敏捷性、速度、反應時間和瞬發力等六項體適能要素。

有鑑於此，教育部為了讓未來主人翁頭好壯壯又有體力，宣布擴大推動學生體適能護照試辦計畫，二年內近三百萬名中小學生，將人手一本護照，厲行「體適能三三三」計畫。所謂「體適能三三三」計畫就是，每週至少運動三天，每次至少運動三十分鐘，運動時心跳速度達到每分鐘一百三十次以上（林承偉，1999）。所以在小學中，主要是培養學生的健康體適能，而非競技體適能，所以體適能護照詳細記錄學生坐姿體前彎、立定跳遠、仰臥起坐、八百公尺跑步走等成績，隨時提醒學生經常運動。

## 二、課程設計

吳萬福（1995）指出，依照教育部頒定的現行國小體育課程來說，無法培養出學生的全面性體適能。因此在小學中，教師有必要充實專業知能，設計體適能相關課程。

王敏男教授所倡導的體育課四段教學法中，以一節課四十分鐘為例，其課程內容分配如下：

（一）引導活動：三分鐘

（二）體適能發展活動：十二分鐘

（三）課的焦點活動：十八到二十二分鐘

（四）遊戲活動：五到七分鐘

我們可在體育課中，採取分站的體適能活動，帶領學生促進其進步。在體育課一開始，實施 8 到 12 分鐘的體適能活動，將其分為四個站，每站約 2 到 3 分鐘。如表一及圖一：

表一

| 站別 | 內容 | 時間 | 項目 |
|------|------|------|------|
| 第一站 | 跳繩運動 | 2 到 3 分鐘 | 心血管適能 |
| 第二站 | 仰臥起坐運動 | 2 到 3 分鐘 | 肌肉耐力 |
| 第三站 | 伸展操運動 | 2 到 3 分鐘 | 柔軟度 |
| 第四站 | 啞鈴訓練 | 2 到 3 分鐘 | 力量 |

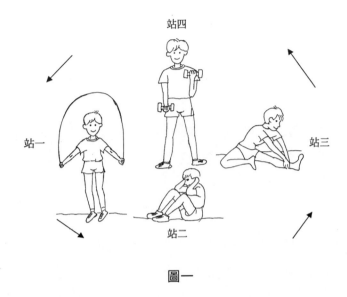

站四

站一

站三

站二

圖一

以全班三十五人計算，每站平均約八到九人，時間一到由老師吹哨音換站，當各站輪完後即可實施綜合活動。而分站的動作可由老師自行設計，兼顧趣味及創意，讓學生樂於參與。而每項分站活動亦可獨立於體育課中，待動作熟練以後，再運用於各分站中。以下就健康體適能的要素與實際狀況做一說明：

柔軟度（Flexibility）是指能充分使用關節的能力，當肌肉有足夠的長度時，身體較容易彎曲，關節也較能自由轉動。因此我們可採取動態或靜態的伸展操，每次持續 20-30 秒，全部時間約 30 分鐘。

心血管適能（Cardiovascular fitness）是指全身能長期運動的能力。他需要強壯的心臟、健康的肺和清潔的血管以供應身

體所需的氧氣，我們可藉由跳繩運動來幫助學生做此項的鍛鍊。連續時間為 15 到 30 分鐘。

力量（Strength）是指使用肌肉向前的力量。通常是以你可以舉起多少的重量作為衡量的標準。啞鈴的訓練可為代表，每次以一定的量為限，時間不操過三十分鐘。

肌肉耐力（Muscular endurance）是指使用附著於骨骼的肌肉（骨骼肌）多次而不感疲倦的能力。仰臥起坐可說是非常好的肌耐力訓練，如果能按部就班，循序漸進的練習，必定對身體健康有所助益。

體脂肪（Body fatness）是指身體脂肪的重量，與其他身體組織的重量比較，所得的百分比。有較高脂肪百分比的人，較容易生病。脂肪數是固定的，體積卻是會不斷的增加，因此從小養成好習慣，配合規律的運動是非常重要的。

三、同學互助實施表

為配合每堂課的體適能教學，我們可以設計一份同學互助實施表，在開學初發給同學，經由老師的指導、同學間的互相合作、親子間的互動，完成每月的練習成果並詳加記錄，將有助於師生及同儕間的合作，更能增加親子情感並能達到循序漸進，時時運動的目標。如

表二

| 班級：　　年　　班 | | | | 姓名： | | | | | | | |
|---|---|---|---|---|---|---|---|---|---|---|---|
| 互助小組： | | | | | | | | | | | |
| 月份<br>項目 | 九 | 十 | 十一 | 十二 | 一 | 二 | 三 | 四 | 五 | 六 | 七 | 八 |
| 坐姿體前彎 | | | | | | | | | | | | |
| 立定跳遠 | | | | | | | | | | | | |
| 仰臥起坐 | | | | | | | | | | | | |
| 八百公尺 | | | | | | | | | | | | |
| 身體質量指數 | | | | | | | | | | | | |
| 家長簽名 | | | | | | | | | | | | |
| 導師簽名 | | | | | | | | | | | | |
| 心得感想： | | | | | | | | | | | | |

此項表格最大的目的並不是在測驗學生，而是在讓同學了解自我體適能狀況，和自己賽跑、比較，經由每月與同學的相互鼓勵與協助達到健康滿校園的目標。寒暑假期間可由父母協助，增進親子間的情感，進而帶動全家的健康。

## 肆、結語

　　高強華（1999）指出，小班教學需要教師在專業的領域中以鮮活靈敏的思維、反省批判的精神和態度為培育人才而努力。而體育課程的設計，更有賴教師的參與，為下一代奠定良好的健康基礎。

　　自我超越、自我挑戰，強調個別化的發展；自我衡量、自我評估，依自己的能力適性磨練；多樣課程、自編教材，達成多元化的目標。更重要的是，教師需具備專業的素養來達成課程統整與教學自主，採多元而真實性的評量、增進師生與同儕間的互動，並鼓勵家長參與，達成小班教學的最終精神。

### 參考文獻

1. 方進隆（1993）。健康體能之理論與實際。台北：漢文。
2. 王敏男（1996）。體育教學研究－兒童與體適能。台灣省學校體育，第六卷，第六號，頁 10-19。
3. 王敏男(1998)。國小體育科教材教法。台東：時岱印刷。
4. 吳萬福（1995）。體能教育的課程與教學。國民體育季刊，第二十四卷，第一期，頁 7-13。
5. 林承偉（1999，9 月 16 日）。體適能護照。民生報，一版。

6. 高強華（1999）。提昇小班教學成效的途徑。<u>小班教學通訊國小篇</u>，7 期，頁 1。

7. 徐藝華（1999）。增加互動，促進學習－張清濱主任談小班教學的精神。<u>師友</u>，385 期，頁 12-16。

8. 陳建明（1999）。從教師進修談小班教學精神之發揮。<u>小班教學通訊國小篇</u>，8 期，頁 2。

9. 黃雅鳳（1999）。多元、獨立、尊重－北縣實踐國小小班精神教學。<u>師友</u>，385 期，頁 19-21。

10. 謝錦城（1998）。運動、體適能與健康的認知。<u>國民體育季刊</u>，第二十七卷，第二期，頁 20-26。

11. 蘇靜美（1998）。小班教學手札－秋天教室。<u>小班教學通訊國小篇</u>，4 期，頁 3。

12. Dauer, V., & Pangrazi, R. (1989) . <u>Dynamic physical education for elementary school children.</u> New York：Macmillan.

13. Doyle, W. (1986). Classroom organization and management.In Wittrock，M.c . (Ed.) , <u>Handbook of research on teaching (3rd ed.)</u> . New York：MacMillan Publishing Company.

14. Siedentop, D.（1983）. <u>Developing teaching skills In physical education.</u> Palo Alto，CA：Mayfield.

（本文摘自國教世紀 192 期，2000 年 10 月）

# 九年一貫健康與體育教學實務探討

## 以國小低年級為例

## 壹、前言

　　九年一貫的實施，使得國小體育課程有了不一樣的面貌，筆者九十一、九十二學年度分別接任一、二年級健康與體育教師之職務，收穫良多。因此，將這二年的教學心得紀錄下來與大家分享，以供大家日後執教之參考與修正，也希望能獲致大家的意見，俾能互相砌礎而更進一步。本篇文章沒有艱澀的學術理論，試圖從實務面來探討教學之實際，故從課程演變的歷史為起點，並從實務面來探討第一線基層教師所面臨的實際問題，進而引發對課程設計及課程教學的修正。最後，對未來健康與體育課程的走向提出一點看法，以就教於各位先進。

## 貳、健康與體育課程之沿革

　　綜觀歷年的國小體育課程標準，可看出健康與體育領域發展的情形，可一窺其脈絡。如下：

| 修訂公布年月 | 低年級音樂與體育的演變 | 健康教育的演變 | 備註 |
|---|---|---|---|
| 民國 18 年 8 月 | 低年級音樂、體育分科教學 | | 公布 |
| 民國 21 年 10 月 | 低年級音樂、體育分科教學 | 增設衛生 | 修訂 |
| 民國 25 年 7 月 | 合併為「唱遊」 | 衛生、社會、自然合併為「常識」。 | 修訂 |
| 民國 31 年 3 月 | 低年級音樂、體育分科教學 | 國民小學暫行課程標準增列「健康教育」 | 修訂 |
| 民國 37 年 9 月 | 合併為「唱遊」 | | 修訂 |
| 民國 51 年 7 月 | 合併為「唱遊」 | | 修訂 |
| 民國 57 年 1 月 | 合併為「唱遊」 | | 修訂 |
| 民國 64 年 8 月 | 合併為「唱遊」 | | 修訂 |
| 民國 82 年 9 月 | 低年級音樂、體育分科教學 | 合併生活與倫理及健康教育為「道德與健康」 | 修訂 |
| 民國 87 年 9 月 | | 體育與健康教育合併為「健康與體育」 | 九年一貫 |

筆者依據：范春源，分與合之爭-淺談國小低年級唱遊課程之實施。學校體育 22 期。民國 83 年 7 月，頁 11。陳金春。九年一貫「健康與體育」學習領域教學實務舉隅。學校體育 66 期。民國 90 年 10 月，頁 48。整理而成。

由上可知，低年級行之有年的「唱遊」科，與「體育」科合併了將近五十個年頭，其主要的目的，乃是透過相關表演及韻律活動及遊戲培養兒童身心的健全發展及優良的習慣及群性活動。而目前「健康與體育」的合併可謂擺脫了歷史的包袱，傾向於西方健康與體育的新領域理念。

## 參、初試啼聲

　　筆者之前擔任高年級的體育課程時，無論器材的借用、隊伍的整理以及熱身操皆由學生一手包辦，老師本身只需要傳授課程本身的內容，這也是體育課室班級經營的一項重要的項目之一。而今初次擔任一年級新生的健康與體育教師，那可是一項極大的挑戰，與先前有極大的不同。

### 一、走廊整隊

　　開學伊始，一年級學生要排隊出去上課，可是一件相當不容易的事呀！記得開學後的第二個禮拜，我請同學到走廊排隊，結果大家一陣兵荒馬亂，找不到自己的家，你一句我一句的推來推去、拉來拉去。「不是啦！我才是排這啦！」天呀！場面顯然已經失控！教書多年的我第一次碰到這種陣仗（自以為經驗豐富）。之前都是帶高年級的我，這才曉得原來一年級的老師是如此的

辛苦呀！還每次陶侃她們每天上班半天，真是輕鬆。最
後靈機一動，按照號碼排隊，男生一路，女生一路，一
個一個接著排好才解決當時的混亂；不過不要高興，別
以為從此他們就會排隊，他們尚未有空間的概念，不會
預想自己的位置大概在哪裏，一號同學可能會在隊伍中
間，二號可能會在第一個，還是相當混亂！這種情形隨
著日後導師的訓練以及孩子的成長才會逐漸的改善。學
會排隊後秩序可不一定安靜，每次一到走廊排隊，一下
子你打我，一下子我打你，嘰嘰喳喳的吵個不停，此時
教師的沉默法一點也沒用，他們可鬧得開心的很呢？回
想以前教高年級時只要使個眼色，誰敢不聽，誰敢不
從！如今呢？

## 二、帶隊

　　將學生帶至操場雖然僅是短短的路程，但是也是一
項很有趣的畫面，在帶隊的路途中，學生跟著你的屁股
後面走，你停下來，他們也會停下來，因為他們不知該
往何方，有些較活潑頑皮的學生會脫隊，有的一直聊
天，更有甚者還會隨著地形地物的改變而改變，如地上
有水，他就會去踩一踩，踏一踏，踢一踢；經過水泥矮
牆圍著的花圃，他就會跨上去當平橫木走，經過廁所他
會順便去上一下，無奇不有，完全充滿了對事物的好奇
心，我們能說他不好嗎？拋開制式的想法，他們還真有

創意。帶至操場後的講話隊形也要訓練，否則你根本無法上課，天上的飛機，樹上的小鳥，都比你教的精彩嘞！其中行進間的轉彎，左轉彎，右轉彎也是需要花時間加以練習，在上課時隊形的轉換才不致發生困擾。

三、分組的後果

記得上跳繩這個單元的時候，想嘗試一下分組的學習，當各小組組員分妥，開始進行小組活動，一切還算順利，正在慶幸之餘，大約三分鐘後開始有同學來告狀：「老師，都是他們在玩，都不讓我玩，老師，我不想和他們玩。」這種事情此起彼落的不斷發生。安靜一點的，則是坐在角落旁生悶氣，有些同學還會掉下傷心的眼淚，男女都有，這下又會有一大堆的同學跑來：「老師，誰誰誰……哭了！」天呀！這時後我就是溫柔的慈父要去安慰他們受創的幼小心靈。筆者以為，這就是學生在群體中所要學習的地方。也就是健康與體育學習領域的課程目標的第四點培養增進人際關係與互動的能力（教育部，民92）。一年級的學生在這方面更是要給予他們加強指導。

四、難忘呼拉圈

有了分組的經驗後，上呼拉圈我可一點也不擔心，呼拉圈一人一個，總不會有分爭了吧！一點也沒錯，他們玩得可盡興了，不過有一個困擾，一大堆學生要跟筆

者比賽誰搖得久,或誰搖得比較多(呼拉圈數),三堂課下來,頓時覺得自己的腰變細了也變硬了,不過中午也吃不下飯了。透過老師的童心與玩心,學生會更有活力喲!

## 五、室內健康課

現在的學生不比以前,上室內健康課發言可踴躍的很,不過會舉手的不多,會安靜聆聽同學所發表的也不多,他們只想告訴你他的經歷,同學一點也不重要,有時後拋出一個問題:如在教室為甚麼不能奔跑,答非所問的一大堆,他們好想把他有生以來的記憶一股腦兒的都告訴你,受寵若驚吧!另一有趣的現象是,他們喜歡上戶外課,每次告訴他們要在教室上室內課時,他們會好失望,偶爾會抗議,一年級的他們很有想法吧!只有下雨天的時候,他們才會心甘情願的待在教室。他們的心情我能體會,想起小時候老師如果不上體育課拿來考試,我就會帶頭拒寫考卷,常被修理。我一點也不怕!不過現在是健康與體育學習領域,其實教師可以適度的調整。比如說天氣不好時上健康課,但是有時候是一個主題式的單元,拆開來上又顯得不太適合,因此雨天備案的室內遊戲課是相當重要的。

## 肆、健康與體育領域一年級上學期教材分析

筆者就一年級上學期健康與體育領域之仁林版、南一版、康軒版、翰林版的統整主題及單元做一整理，供大家比較，如下：

| 版本<br><br>主題 | 健康與體育<br>仁林版<br>（一上） | 健康與體育<br>南一版<br>（一上） | 健康與體育<br>康軒版<br>（一上） | 健康與體育<br>翰林版<br>（一上） |
|---|---|---|---|---|
| 一 | 冠冠上學了<br>1-1 準備上學去<br>1-2 我們都是好朋友<br>1-3 學校的生活<br>1-4 我們的身體 | 學校生活<br>1 歡喜來上學<br>2 球兒真好玩 | 健康又快樂<br>1 快樂的一節課<br>2 快來玩遊戲<br>3 一起玩真有趣<br>4 校園小英雄<br>5 遊戲天地 | 我是健康寶寶<br>1 小寶寶出生了<br>2 我一直在長大<br>3 我的動作<br>4 我的身體<br>5 我是好主人<br>6 整潔大使<br>7 運動裝備 |
| 二 | 快樂的生活<br>2-1 大家來做健康操<br>2-2 生活注意事項<br>2-3 快樂的模仿表演<br>2-4 我愛運動 | 健康身體<br>3 快樂表演家<br>4 律動的身體<br>5 妙妙繩 | 歡樂的時光<br>1 身體碰碰樂<br>2 快樂的木頭人<br>3 我踩到你的影子了<br>4 全家運動<br>5 運動後要注意什麼 | 我想去上學<br>1 自己上學去<br>2 我該怎麼辦<br>3 設備小醫生<br>4 安全遊樂園 |

| | 聰明的小萱萱 | 食物與健康 | 我有好習慣 | 我好愛我的家 |
|---|---|---|---|---|
| 三 | 3-1 活潑的小天使<br>3-2 保護自己的方法<br>3-3 大家來玩遊戲 | 6 身體魔術師<br>7 得意的一天 | 1 漂亮寶貝<br>2 用餐時間<br>3 飯後要注意什麼<br>4 清潔小天使<br>5 健康的一天 | 1 我的家人<br>2 相親相愛<br>3 快樂假期<br>4 歡樂氣球<br>5 螞蟻搬豆<br>6 薪火相傳<br>7 滾球大賽<br>8 拋球大賽 |
| 四 | 快樂的聚會<br>4-1 認識我的家<br>4-2 慶生會<br>4-3 好玩的聚會遊戲<br>4-4 我們一起來玩球 | 運動與休閒<br>8 大自然的運動好手<br>9 冬冬的假期 | 身體會說話<br>1 聽聽聲音在哪裏<br>2 身體的感覺<br>3 身體的外形<br>4 我比以前更棒<br>5 丟得高踢得遠<br>6 你追我跑體力好<br>7 來玩呼拉圈<br>8 運動後的感覺 | 活力的一天<br>1 每天吃早餐<br>2 良好的飲食習慣<br>3 禮貌的小客人<br>4 運動與飲食<br>5 走走跑跑<br>6 輕輕一跳<br>7 慢慢爬一爬<br>8 造形遊戲 |
| 五 | | | 身體新風情<br>1 抓一把風來玩<br>2 風的玩具<br>3 風吹草木搖<br>4 風吹大樹挺直腰<br>5 北風和太陽<br>6 四季風情 | |

筆者依據：仁林版健康與體育（一上）未標年月，南一版健康與體育
（一上）民國 92 年 8 月，康軒版健康與體育（一上）民國 92 年 7 月，
翰林版健康與體育（一上）民國 92 年 8 月。整理而成。

　　綜觀上述的主題與單元設計，都是朝著健康、快
樂、遊戲的特點來加以設計，每個版本都有其特點。教
師其實可針對每個版本對學校的適切性、實際性來加以

選擇授課。值得提出一點的實際問題是，每個版本皆未
對整個隊伍的排列以及隊伍的行進做一設計，難免有遺
珠之憾。排隊與整隊問題在一年級剛開學初是一項很現
實的問題，不會排隊，不懂得隊伍間的常規，是很難達
成體育課的目標的，況且四個版本的第一個主題都有戶
外活動的課。因此，授課教師實際上都必須指導排隊與
整隊，何不將此納入，較切合實際。其次，由於健康教
育與體育的合併受到主題統整的設計理念，有些主題根
本無法與體育課程相結合，因此又陷入了統整的迷思之
中，此時教師的課程設計與編修能力就益顯其重要性。
再者，有些學校因為排課與配課問題，健康與體育各安
排一節，授課老師相異，使得健體領域已支離破碎，儼
然成為「邊緣化課程」。

## 伍、升上二年級

### 一、學習舞蹈好快樂

　　經過一年的成長與訓練，這些小毛頭們個個已經與
我產生了良好的默契。舉凡整隊、帶隊至操場都已不像
當時初進小學的模樣，辛苦一年終於有了代價，學生已
能樂在運動，享受運動。舉例來說：舞蹈教學，以一位
男老師而言，在高年級是很難使上力去教的，除了學生
彆扭，要男學生與女學生牽手跳舞，更是痛苦。在低年

級的教學生態中，學生反而好快樂，大家跳在一起，玩成一塊，稚氣的臉龐充滿了快樂，是我當初完全沒想到的。透過教學媒體的應用，我與他們一起學習舞蹈，「教學相長」這句話感受特別的強烈。

## 二、體操教學要趁早

低年級學生的柔軟度大致上都不錯，筆者發現比高年級學生好上，高年級由於發育的關係，不論體型，心態都很難處理，由其是男老師對女學生的個別輔助，雖然有心，但還是敬而遠之的好。低年級則不同，由於年紀、體型、心態、柔軟度都適合，無論前滾翻，後滾翻教起來都非常得心應手，全班百分之九十五的同學在經過學習後都能很順暢的翻滾，而且學習的動機非常強烈，比高年級好得太多。經過筆者的試行，大膽的下出結論，前滾翻與後滾翻的教學宜在低年級納入。不過，目前坊間低年級的教科書並未有此設計。

其次，筆者又大膽的嘗試『箱上運動』，由於學校新購置軟墊型跳箱，與原有傳統式之木箱不同，撞擊後並不會受傷或疼痛。因此，學生很能享受挑戰的樂趣，經過漸進式的教學，當學生躍過的那一剎那，頓時成為全班的英雄，好不快活。從他的眼中，我看到他找回在課業中所失去的信心。

### 三、接力比賽好刺激

　　體育發表會，二年級老師想要學生跑接力賽，大家好怕，因為，以前從來沒試過。經過各班挑選出來的精英，再加以多次的練習、預演，雖然當時笑話不斷，狀況百出，但在比賽那天，筆者以為卻是最精采的節目，無論接棒、拼勁都像極了選手，而且沒有爆笑的畫面，當時的疑惑剎那間得到了解答，當然這還要靠各班的導師幫忙、訓練才能達成。

　　能有機會嘗試到一至六年級的體育教學，筆者以為是最好的磨鍊，經過比較與分析，大膽的嘗試與創新，教學的生涯才會益顯豐富，不過您問我還想不想教低年級的體育課，我的回答是：「換您試試看！」

## 陸、結語

　　教師是課程的當然設計者，也是行動研究者，唯有透過實踐體驗與省思才能建構內化為可行的教學方案。透過教材的不斷修正與改良，才能更臻至完善。長期以來，體育課就一直是配角，九年一貫實施後所分配到的時間比以前更加窘迫，而這項轉型，從歷年的體育課程修訂觀之，是天作之合還是貌合神離，值得繼續觀察研究下去。

# 參考文獻

1. 仁林文化編（民 92）：健康與體育（一上），台北市，編者。

2. 范春源（民 83）：分與合之爭-淺談國小低年級唱遊課程之實施。學校體育 22 期。頁 11。

3. 南一書局編（民 92）：健康與體育（一上），台南市，編者。

4. 教育部（民 92）：國民中小學九年一貫課程綱要健康與體育學習領域，台北市：教育部，20 頁。

5. 陳金春（民 90）：九年一貫「健康與體育」學習領域教學實務舉隅。學校體育 66 期，頁 48。

6. 康軒文教事業編（民 92）：健康與體育（一上），台北市，編者。

7. 翰林出版社編（民 92）：健康與體育（一上），台南市，編者。

# 體育課中教學情境之建構

## 壹、前言

　　構成學校運動核心的體育教學，是一有目的、有系統、有計畫的師生活動歷程（周宏室，1995）。而在體育教學上我們面臨了三個重要的關鍵問題：學生對體育失去興趣、學習時間的問題、教師的教學經驗（陳景星，1994）。有鑑於此，如何將學生的學習興趣培養成積極主動，師生的互動情境發揮到淋漓盡致；則有待體育教師在體育課中的教材設計、教師的活力與玩心、教師的教學管理技巧與教學時間的妥善分配，達成體育教學的目的。

## 貳、體育教學情境之建構

### 一、教材教法的設計與運用

　　樂趣化的教材，總能吸引學生的注意力，使學生快快樂樂的學習體育課，而樂趣化教學的設計，則有待教師不斷的自我充實，檢討、成長與研究。經由教師間的腦力激盪，創造出更精緻化、樂趣化的體育教材。莊美鈴、許義雄（1993）指出，樂趣化體育教學的特色在於：

（一）以學生為中心的教學

（二）自發自主的學習情境

(三) 具有享受運動挑戰學習創造改進的學習過程

(四) 培養生活適應與解決問題的能力

(五) 集體學習互教互學

讓學生能享受運動，必能自動自發的學習下去，使其感覺到「喜好運動、流汗真好」的感覺，並經由互助合作的方式，接受挑戰，培養其解決問題的能力，相信教師把握住上述要點之後，學生在此情境當中必定能快樂而有效的學習。

「教學運用之妙，存乎一心」，熟練各種教學策略的運用，將能使教學更加生動、精彩。Mosston 的體育教學光譜理論，經由周宏室教授的引進推廣，在國內正逐漸的推展開來。而 Mosston 的體育教學光譜理論至 1990 為止，共發展了十一式：A 命令式、B 練習式、C 互惠式、D 自測式、E 包含式、F 導引式、G 集中式、H 擴散式、I 設計式、J 創造式、K 自教式。由命令式的決定者 ── 完全在教師身上，到自教式的決定者 ── 完全在學習者身上，是一條漸進式的教學光譜（周宏室，1995）。因此，莊美鈴（1991）指出，創新與展現自己的特色，是運動樂趣很重要的原因，使學生能有較大的發展空間與較多的決定，是樂趣化體育教學的基礎，但並非是允許學生放縱肆意，亦非一時性的快樂好玩，而是精緻的教學設計。

學生有許多有趣的想法，教師適時的引導，將會有意想不到的收穫，讓我們勇於嘗試、勇於突破，開創新局。

## 二、教師的活力與玩心

體育教師必須有玩家的心態。劉一民（1994）指出，玩家的教學在間接的幫學生模仿、擬情，來體驗玩家的世界，開啟玩家的方程式。體育教學中最重要的催化劑，就是運動玩家的心態，他有如細菌一般是會傳染、滲透的（李加耀，1998）。

如果我們失去了玩心，沒有那股活力，則我們的教學將流於形式、僵硬而無生氣，學生當然無法感受到我們的那股熱力，足以令他們如癡如醉的運動生命力。也許很多老師會問，活力要如何培養？鄭石岩先生「在運動中養身養心」這篇文章說道：「過去我一直肩負著沈重的工作，而運動是我精神力量的來源，也是我工作創意的酵母，並賜給我從事教育和助人工作的熱情和活力。」因此，讓我們養成運動習慣，與學生玩在一起，愛護他、保護他，教學相長，我們才能找回已失去的童心與玩心，這也正是教育的迷人之處。

## 三、教師的管理技巧

### （一）監管位置

王敏男（1992）以一位小學專任體育教師及其所任教的一位學生為研究對象，採多基準線設計，結果發現：盡量靠近學生是有效監管的方式之一，可以減少學生不專心（off-task）的行為發生。另外王敏男（1991）曾以三十位小學體育教師為對象，探討其上課位置，結果發現：無經驗教師的位置多分佈在鄰邊區域；有經驗的教師位置則多在中間較多。站在中間較多的教師，一方面利於監管，另一方面也可能是懶的走動。

因此教師如果能在整個教學過程中，在教學區各個角落不斷的移動位置，不喜歡該課的學生則無法遠離教師，此舉將有助於偏差行為的預防。可見，教師位置的不同，所產生的監管效果也會有所不同，端視教師如何妥善運用。

（二）教學回饋

教師回饋的形式，影響到教學的品質（van der Mars，1989）。而回饋包括：口語的回饋，如「你做得很好，繼續努力」、「不錯喔！」、「你好棒」等；非口語的回饋，如「微笑或輕拍肩膀」、「豎起大拇指」、「拍手」等。

吳萬福（1992）指出：從其學生提出的筆記及學習感想中得知，過去上體育課時，教師特別重視並喜愛運動技能優秀的學生，當他們有優異表現時會給予誇獎並時常給予照顧。對技拙學生常以嘲笑輕視的眼光對待，又不會給予有效的指導，以致培養更加討厭體育課、甚至逃課的學生。由此可知體育教師的鼓勵與回饋應是一視同仁、不分優劣，是一種真誠的對待與指導，如同自己的孩子一般。

學生是最愛老師的關懷與鼓勵，教師的一點小動作、小讚美，常是學生一天快樂的泉源，教師應善用這種有效的回饋行為，來達到師生間良好的互動學習。

四、教學時間的分配

黃月嬋（1992）指出，我國體育課學生的等待時間，約佔全部時間的 36%，可見體育教師在體育教學情境上的安排與努力，仍嫌不足，導致學生的空暇時間太多，因此教師在時間的

分配上宜多加注意，體育課的主體是學生，應由學生的參與佔大部分的時間，教師講授及訓話時間不宜太長，才能真正的達到活動的目的。而從另一個角度去思考，我國學校班級人數過多、體育器材、設備場地有限，也是等待時間過長的原因之一。

以一堂壘球課為例：以全班三十八人計算，手套至少需要19 個、球 19 個，以便於練習投捕之間的傳接球，但如果手套只有 10 個，則必須 4 人一組，那麼「等待時間」即將出現。教師如能再加以妥善分配，一人充當主審、一人充當打擊者，模擬比賽狀況，學生「等待時間」則將降低，也能興致高昂的擔任各種角色。因此，教師宜多思考、多創新，配合既有的設備，來達到教學的目標，這點是非常重要的。

## 參、結語與建議

體育課中的班級經營，常常為人所忽略，總認為體育課不太需要管理，也許「放牛吃草」是最好的管理。希望藉由本文，能喚起大家對體育教學的重視。良好的體育教學經營，更有待教學情境的營造，安排有趣、有意義的活動，拿出自己的熱忱、活力與玩心；自我成長、加強管理技巧與重視全程時間的分配，共同編織成一幅美麗的圖畫，達到體育教學的目的。以下提出二點建議與大家共勉：

### 一、教師教學技能之加強

多多充實專業知能，驗證、改進，可避免職業倦怠症的產生，也能從教學中得到快樂。

## 二、教學教材、器具之準備

　　「工欲善其事，必先利其器」，教材是軟體、器具是硬體，「軟硬兼施」，才能一手掌握學生。

## 參考文獻

1.　王敏男(1991)。小學體育老師上課位置靠近目標學生行為分析．台東師院報，3，頁 209-292。

2.　王敏男(1992)。分析小學體育老師上課位置與目標學生不作業行為的關係．台東師院報，4，頁 149—177。

3.　李加耀（1998）。體育教學的迷失-重拾運動玩心。台灣省學校體育，八卷四十七期。頁 67-69。

4.　周宏室(1995)。Mostton 教學光譜的理論與應用．台北：師大書苑。

5.　吳萬福（1992）。體育教學的心理。台北：學生書局。頁 253—261。

6.　胡鍊輝（1993）。訓導輔導經營實例。台北：臺灣書店。

7.　黃月嬋（1992）。有效體育教學的教師行為分析。國立台灣師範大學體育研究所碩士論文，未出版。

8.　莊美鈴，許義雄（1993）。樂趣化體育教材彙編。國立台灣師範大學體育研究中心，頁 5-6。

9.  劉一民（1994）。建構運動玩家世界－運動玩家開啟方式的省思。中等教育，四十五卷三期，頁 29－32。

10. Dauer, V., & Pangrazi, R. (1989) . Dynamic physical education for elementary school children. New York：Macmillan.

11. Doyle, W. (1986) . Classroom organization and management.In Wittrock，M.c . (Ed.) , Handbook of research on teaching (3rd ed.) . New York：MacMillan Publishing Company.

12. Siedentop, D. ( 1983 ) . Developing teaching skills In physical education. Palo Alto，CA：Mayfield.

13. Van der Mars, H. ( 1989 ).Basic Recording Tactices. In Darst , P.W., Zakrajsek , D.B. & Mancini , V.H. （ED.）Analyzing Physical Education and SportInstruction (p.213-224). Illinois：Human Kientics.

# 運動教育模式探索

## 壹、前言

　　九年一貫課程的來臨，為教育改革帶來了希望，也衝擊了安於現狀的老師。傳統及長時間以來，教師無需設計課程，只要照本宣科即可，如今的教育環境下，該如何走，的確是一項重大的挑戰，而學者從國外引進的「運動教育模式」，是否適合我國的國情，除了觀念的宣導、阻力的克服、教育人員思想的重新洗滌，以及時間的調適外，在在都有一些隱藏的問題，需要我們去克服。我們也樂見國內體育從業人員，能將此觀念予以實際運用在教學當中，成為教學自主的專業教師，然而在實行前，筆者以為有許多問題需要特別注意與規劃，才能使運動教育模式的非傳統課程推展開來，本文擬就現有的小學狀況，做一個探討，並試圖建構本土化的運動教育模式。

## 貳、運動教育模式的主張

　　體育課在教學目標中特別強調團體精神的發揮、互助、合作、負責，增進社會行為，培養良好人際關係等方面的功能（Jewett,Bain ＆ Ennis,1995）。運動教育模式正符合此精神。

　　Sidentop（1994）認為運動教育模式有六種特點與傳統的體育課程不同：

一、運動教育模式是以賽季而不是以單元。

二、學生可自組聯盟成為團隊的一員。

三、有完整的競賽時間表。

四、有主要的運動項目。

五、保存記錄出版與獎勵。

六、視教師為總教練、裁判長，執行長。

　　呂天得（民88）以國小六年級排球教學十二節課為例，男生20人女生14人的運動教育模式研究顯示：男女學生認為與傳統體育課程最大不同點是：

一、每個人都有上場比賽的機會。

二、隊和隊的比賽中有很多的自主行為。

三、女生能提出，學習到非比賽角色（裁判、計分、記錄員）這個觀點。

四、不論男生、女生都喜歡運動模式的教學。

五、能從比賽中增進球技。

六、在角色扮演上，男女學生在比賽的角色上（隊長隊員）與非比賽角色（裁判記分員）無特別差異。

綜而言之，運動教育模式提供一整套的比賽模式，宛如置身在自導自演的一場體育戲劇當中，從計畫、組織、訓練、裁判、分工合作、頒獎、學習當觀眾，學生無一不參與。體育教學的目標，認知、情意、技能，皆涵蓋其中，也讓學生學習到規劃的能力，也為日後體育推廣的人才，奠定了一小小的基礎。然而這種深受學生喜愛的非傳統課程，是否真的能在台灣推廣開來，還有待體育從業人員更進一部的規劃與實踐。

## 參、問題探討

### 一、偏重球類運動

周宏室（民88）指出，足球、籃球、排球、田徑、體操，是小學運動教育教學的推薦項目。我們可從此看出，「運動教育模式」的規劃仍以球類居多，而田徑較無問題，可配合運動會的實施，體操項目筆者以為可能產生較多的問題，專精於體操項目的老師少之又少，就算體育科系畢業的老師也未必能做出一些如魚躍前滾翻、三角倒立的體操動作，畢竟，每個人的專長項目各有不同，如何導引學生以「運動教育模式」的方式呈現出來，還需再議，就安全性而言，更是另人望之怯步。因此，筆者尚未見到有關符合小學程度的體操運動教育活動示例。

### 二、水平分配與垂直規劃

運動教育模式建議國小高年級以上的體育課較為合適。因此，以八十二年教育部頒定的國民小學課程標準觀之，一學期

以二十週計算，扣掉頭尾兩週、考試三週，可能還剩下十五週，每周三節，一學期大約有四十五節的體育課。而根據理論與實證研究建議，合適的國民小學運動季長度應為十至十五節為宜（Siedentop,1994）。如此看來一學期可實施約三至四個運動季，一年可實施六至八個，五、六年級合起來最多可實施十六個項次，並不算少，而如此密集的運動季是否適合學生的學習及教師的教學，有賴適當的考量與研究。因此水平的分配必須先適當規劃好，不可太密集，讓教師、學生疲於奔命而失去效果；年段與年段的垂直規劃應以整體性的方式進行，讓學生接觸運動項目的種類更多，更有效能。因此，在學校的年度體育計劃當中應特別的謹慎。

三、中西合璧

在此起萌時期該如何實施，筆者認為可以一學期辦一個運動季，如上學期為了配合運動會，將體育課朝此方向實行，項目是田徑、新式健康操、趣味競賽等項目，如此，不會再被套上體育課被濫用的罪名，也的確實施了運動季的精神；下學期再來一場球類運動季，整年下來可謂充實而愉快。而非運動季的時間，則一樣進行傳統的體育教學，做為運動季來臨前的準備，如職業球賽在非賽季時的體能訓練、及團隊默契的凝聚，也讓學生有一顆期待的心，如此中西合璧，相信是一個不錯的選擇。另外在九年一貫課程中有 20% 的彈性課程，亦可妥善的加以運用。

## 四、自主學習與個別差異的迷思

目前教育部大力推行的小班精神教學，強調的是「多元化、個別化、適性化」的教學精神。從後現代主義的觀點來看，教師與學生關係的建立，及接受不同程度的學生並予以指導（郭實渝，民 85）。這些都是體育課程中所應努力的方向。

運動季實施的另一項問題在於，運動技能較差的同學在同儕的壓力下、榮譽心的驅使下，是否一直擔任教練、裁判、計分、記錄等角色，而失去了活動的空間，自主是否成了他們逃避下場運動競技的藉口，或是我們的安排剝奪了他們活動的機會；而我們是否找到了個別差異的真正精神，也就是自我超越的意義，去輔導他們、讓他們與自己賽跑，比學習之前更好，使他們更有成就感，而非讓我們自己找到台階下，說是因材施教，注重個別差異，因此教師應特別考量到這層面的問題。

## 五、終身運動的期望

蔡崇濱（民 85）指出，終身運動乃是人們依自我的意願、興趣與能力，選則適合自己運動的項目，貫穿一生並融入日常生活中，以享獲豐盛運動文化，營造多彩的生命內涵。學校教育是終身教育的重要階段，國中小學的體育課教學應以功能導向為宜而非技術導向為主；教學應以生動活潑為前提，以快樂有趣為導向，才能奠定終身運動的基礎（蔡貞雄，民 87）。

　　九年一貫課程的規劃，在「健康與體育」領域方面，基本能力指標當中即希望培養學生終身運動的習慣，因此，舉凡球類、田徑、國術、體操、舞蹈及其它（包括體育知識、體適能、民俗運動、自衛運動、水上運動等活動）（教育部，民 82，83）。在中小學階段皆應讓他們廣泛的接觸，多樣化的選擇。所以一旦實施運動教育模式，如何適當的拿捏及整體的計畫，不會讓少數的同學失去了接觸各類型活動的舞台並快快樂樂的學習，這一點更必須要審慎的加以考慮。

## 六、教師的專業能力

　　依據簡曜輝等（民 88）對學校體育教學所作的一項研究顯示：目前國小擔任體育教學的教師，屬體育科系者僅佔百分之三十。

　　體育專業師資之素質影響體育教學的品質，以目前國小體育教師大部份還是班級導師教學的狀況下，教師是否有充裕的時間進行嚴謹的規劃，以及願意接受這樣的教學模式，令人擔憂。再者，小學生的自制能力及受同儕影響的問題非常之大，如何進行異質分組，端看老師教學的藝術與班級經營的能力了。

## 七、九年一貫的體育課程時數

　　九年一貫實施後，「健康與體育」將無法以簡單的加法合併成五節課，其節數的減少，最直接衝擊到體育課的時數（蔡仁川，民 89）。

　　胡天玫（民89）亦指出，未來九年一貫課程一旦實施，國民小學體育課每週上課的時數將減少，這發生在臺灣的二十一世紀學校體育可能的危機，無獨有偶的也在全世界的各個角落上演。

　　我們所憂心的是，一旦體育課程時間減少，則運動教育模式的實行將更為困難。但從另一角度觀之，九年一貫的彈性課程佔了20%，注重學科領域的統合課程，賦予學校更大的自主權（阮志聰，民88）。因此，如何有效的運用、適度的分配在各個領域當中，更有待學校體育課程發展委員會的妥善協調、規劃與安排，建立以學校為本位的體育課程。

## 肆、本土化運動教育模式設計

　　本土化運動教育模式的設計旨在上學期配合各校一年一度的運動大會，以利各項活動的進行並在不佔用其它課程的原則下實施，除了符合學校的實際需求，也提供同學參與規劃執行的機會（如表一）；下學期實施球類競技以兼顧運動項目的平衡（如表二）。它除了強調班上的體育競賽，更著重的是班際的競賽，以提高季後賽的層次與水準。

表一　運動賽會模式設計簡案

| 月份 | 教學內容 | 備註 |
|---|---|---|
| 九 | 各班級常規訓練（集合、整隊、行進）<br>各班級體適能教學訓練<br>各班級新式健康操教學<br>各班級接力、拔河教學<br>各班級裁判員練習、訓練 | 場地、器材宜事先規劃分配 |
| 十 | 班際大隊接力賽練習<br>班級拔河循環賽開始<br>班際趣味競賽練習<br>班際新式健康操比賽<br>裁判員（發令、記錄、計時）實習 | 各班道次抽籤、各項比賽進場練習、趣味競賽遊戲設計 |
| 十一 | 運動賽會日<br>（新式健康操表演、大隊接力、拔河、趣味競賽等項目） | 日期：星期日<br>社區來賓及家長參與頒獎儀式的進行 |

　　本模式以三十六個班級為規模大小的學校及六年級的五個班級為例，體育課上課時間相同，任課教師為導師或科任教師。經過兩個月的漫長暑假，同學的常規及體能皆有衰退跡象，開學第一週宜施行體育課的班級常規訓練，及體能的鍛鍊，以應付日後的挑戰。九月份為各班的練習，十月份為班際的練習賽與比賽，十一月份的第一週週日為運動大會，也是學生學習成果的展現，因為台灣氣候的因素，運動會的舉辦日期，宜儘速在十一月份辦理完畢。

表二　三對三籃球模式設計簡案

| 月份 | 教學內容 | 備註 |
|------|---------|------|
| 三 | 各班級常規訓練（集合、整隊、行進）<br>各班級傳接球、運球、上籃、投籃教學訓練<br>各班級籃球規則講解<br>各班級裁判員、記錄、計時員，練習與訓練 | 場地、器材、球事先規劃分配 |
| 四 | 各班級三對三籃球預賽、決賽<br>班際三對三籃球預賽、決賽<br>裁判員、記錄、計時員實習 | 班際三對三籃球賽，採自由報名，男、女可混合參加 |
| 五 | 校際國小樂趣化籃球聯賽<br>縣市長杯籃球賽 | 籃球校隊選手選拔 |

　　下學期以發展學校特色為主，項目由各校自行決定，發展以學校為本位的體育課程，秉持學校的傳統，帶動學校風潮，使學生快快樂樂的學習，為著理想目標而邁進。

## 伍、結語

　　構成學校運動核心的體育教學，是一有目的、有系統、有計畫的師生活動歷程（周宏室，1995）。而運動教育模式只是眾多體育課程的模式之一，如何有效的在我國推行，發展本土化

的運動教育模式，有賴全體體育從業人員的努力與實踐。全盤西化並非好事，制度是死的，人是活的，然而這不也是一項契機，因我們發現其實在外國早已行之有年的運動教育模式，其實在許多小學已經實施過，只是並不是那麼周延，也為試圖進行傳統體育課程改革的體育基層教師注入一針強心劑。我們也相當期待有這麼一天的來臨－「運動教育模式」成為體育教學的主流，讓體育課變成非酬庸性質、非無教育安排的一項課程；而體育教師成為人人所稱羨的專業教師。

## 參考文獻

1. 呂天得（民 88）：運動教育模式在男女學生學習效果之研究-以國小六年級排球教學為例，國立體育學院研究所碩士論文，未出版。

2. 阮志聰（民 89）：體育科新課程與教材教法。運動教育教學手冊，頁 9-19。

3. 胡天玫（民 89）：二十一世紀學校的體育危機與轉機。國民體育季刊，29 卷 1 期，頁 46。

4. 周宏室（民 84）：Mostton 教學光譜的理論與應用．台北：師大書苑。

5. 周宏室（民 88）：運動教育模式的實施。運動教育教學手冊，頁 20-24。

6.  教育部（民 82）：國民小學課成標準。台北：教育部。

7.  教育部（民 83）：國中課程標準。台北：正中書局。

8.  郭實渝（民 85）：後現代主義的教育哲學。載於邱兆偉（主編）。教育哲學（267 頁）。台北：師大書苑。

9.  蔡仁川（民 89）：談九年一貫課程對國小體育教學的影響與師資培育的調整。桃縣文教復刊 16 期，頁 84。

10. 蔡貞雄（民 87）：我國學校的體育危機與轉機。台灣省學校體育 8 卷 4 期，頁 4-13。

11. 蔡崇濱（民 89）：略論大學體育與終身運動的銜接。大專體育，27 期，頁 16-20。

12. 簡曜輝（民 88）。我國學校體與發展策略（初稿）。第一次全國體育會議參考資料（3）。

13. Jewett, A, Bain, L, & Ennis, K. (1995). The Curriculum Process in Physical Education.Dubuque, IA: Wm. C. Brown and Benchmark.

14. Siedentop, D. (1994). Sport education: Quality PE through positive sport experiences. Champaign, IL: Human Kinetics.

貳、運動教育篇

# 籃球世界與人生哲學

## 壹、前言

　　1998 年 NBA 總冠軍賽最後一戰，籃球之神麥可喬丹在最後的緊張時刻，從爵士隊卡爾馬龍手中，抄截到關鍵的一球，隨即轉敗為勝，如此經典之作，至今仍為球迷所津津樂道。在緊湊詭譎多變的籃球競賽中，不到最後一刻，我們無法知道誰是真正的贏家。反觀，人生又何嘗不是如此呢？可能已垂手可得的囊中物，卻因一時的鬆懈、疏忽，最後卻拱手讓人的例子，比比皆是。因此，在處世哲學的態度上，是浮沈於世，還是鞠躬盡瘁；是多彩多姿，還是渾渾噩噩，則完全掌握在我們自己的手中。

## 貳、籃球與人生

　　籃球跟人生一樣，真正的喜樂是來自每一刻的全力表現，不只是在打順手球的時候（傑克森，1997）。而人生的真正喜樂，又何嘗不是當下每一刻全力以赴的自我實現呢？人生的價值像是個網路系統，錯綜複雜，枝葉蔓延，它像是神經網路而又有其階層性（陳酒臣，

学校體育 探微

1995）。而在籃球場上，每個球員的跑位、球的供輪，投籃的決定，都有其隱含的價值系統。因此，籃球運動與人生間的微妙關係，足以讓我們反覆思量，再三深思了。

何謂人生？「人生是指一個人從生到死的生物過程」（傅佩榮，1990）。李白詩「將進酒」寫道：「君不見黃河之水天上來，奔流到海不復回，君不見高堂明鏡悲白髮，朝如青絲暮成雪」。說的正是一個人的生命過程，有如白駒過隙，渺小地有如滄海一粟。因此，我們如果不能在短短的時間裡好好把握，全力以赴，發揮籃球場上的鬥志與毅力，恐怕無法克服人生中源源不斷的嚴酷挑戰。

宗教家的體驗裡，所謂人生或者生命，並不只局限在這一回合的生與死之間（陳迺臣，1995），而球賽也並不是只看他的勝負而已，當我們跳出了這個窠臼，是否即已達到中庸之道－「不偏之為中，不易之為庸」之境界。生命的價值不在時間的長短，而在於活的是否有意義；籃球賽的吸引力，不在於最後的勝負結果，而是比賽過程的高潮迭起，球員抱著「這場球雖然輸了，但下一場再贏回來就好」的信念，那麼平日練習和下一場比賽都可以看到球員令人激賞的表現。雖說人生只有一回，但只要盡其在我，又何必有遺珠之憾。

84

理想能創造更美好的人生，理想也能激發球員平日的自我嚴格要求，而比賽時的高昂鬥志，更能達成球隊完美的戰績。顏淵曰：「舜何人也，予何人也，有為者亦若是」。有目的、有理想的人生，才能達到「人之所以為人」的境地。

## 參、籃球世界的心靈探索

菲爾•傑克森的「公牛王朝傳奇」一書，前言中所說：「這是一本理想和夢想的書，1989 年，受命出任芝加哥公牛隊總教練時，我的夢想不僅是贏得冠軍而已，更希望能以結合個人最鍾情的籃球和心靈探索的方式，完成霸業」（傑克森，1997）。荀子曾說：「心者，形之君也，而神明之主也」。從認識論的觀點來看，能知的主體是知識形成的條件之一，而所謂能知的主體即是心，必須有認知的心靈，人才能思維辨知（伍振鷟，1992）。今日的人們，忽略了心靈空間的開創，而老子思維的特性在於他是一種空間的哲學，不是縱的拉長，而是橫的擴充。由「無」到「虛」正象徵空間的加大，以納百川，以容萬物（張耀堂，1999）。而心靈空間的給予，並不是來自於他人的給予，完全需要自己去開拓。可見心靈問題在人生的歷程中，足以扮演重要的角色，值得去追求探索，而籃球比賽的進行，如同月的陰

晴圓缺，似乎有其運行法則，有時卻又不盡人意。也難怪傑克森教練想要藉心靈探索的方式去窮究「籃球之道」。

釋迦牟尼提倡「心心相印」，在微妙的心理交流中證悟佛法。即使是師徒雙方，也不一定用語言來表達內心的本義（普穎華，1996）。在籃球場上，教練與球員、球員與球員之間之間的溝通，有時候靠的是一種「心有靈犀」的默契，那是場上溝通的最高境界。另外在人與人的相處上，如能互相體諒，注重心靈的契合，必能使社會祥和安樂。

## 肆、籃球世界的人生哲學

「易窮則變、變則通、通則久」。世上的事物沒有永遠不變的；籃球場上沒有永遠的贏家。在 NBA 籃球的殿堂中，就算再強的隊伍也有馬失前蹄的時候；而在人生的旅程中，也無法保證永遠在順境當中成長。因此，當前途遭遇阻礙時，必會產生變故，並因變化而得以開拓生機。只要秉持「窮則變」的人生哲學，必可轉危為安，開創新局（竹本昂仙，1999）。

莊子在「養生主」中提到「庖丁解牛」的故事，這位廚師為文惠君分解牛隻，高超的技術令人為之驚嘆、佩服！而廚師告訴文惠君，這是比技術還高的「道」，

也就是依循事物的規律，以「無厚入有間」即以薄薄的刀刃，插入有空隙的骨節和部位間，對於刀刃的運轉和迴旋是寬綽有餘，而籃球場上的最高境界，不正是洞悉敵手的戰術而深入其間，進行的一種攻擊，找出其空隙缺點而達到癱瘓敵手的進攻與防守嗎？而在人生的處世哲學中，如何依循事物的法則與規律，不強求、不做非分之想，這也就把握到養生的要領了。

吳鎮安（1998）指出：從「氣」的觀點來看，達到籃球「氣」之境界時，球員與球賽便會連成一氣；從「理」的觀點來看，達到籃球「理」之境界時，便會發現球賽運行的法則與球員遵循的準則是相通的；從「禪」的觀點來看，達到籃球「禪」之境界時，球員與球賽便會交融於當下的存在。這種以「太極」思想為基礎，「氣」、「理」、「禪」為經，「道」為緯的方法，的確將「籃球之道」做了最好的詮釋。

## 伍、結語

人生可能是無數場籃球賽的組合，而我們每個人也都是籃球場上不可或缺的主角。在複雜多變的籃球世界與人生中，唯有設定目標、堅持理想、珍惜有限的時光、追尋中庸之道、潛心於探索心靈世界和建立與周遭的心靈溝通、不斷的克服困境與等待時機，才能開創新局。

因為有信心，使我們勇於接受挑戰；因為了悟人生如球賽的哲理，我們會樂觀的去營造豐富的人生，創造美好的未來。

## 參考文獻

1.　伍振鷟（1992）。教育哲學。台北：師大書苑。頁 57-59。

2.　竹本昂仙，陳知青譯注（1999）。易經人生哲理。台北：頂淵文化。頁 110-111。

3.　吳鎮安（1998）。籃球之道－「太極」思想的創造與詮釋。國立台灣師範大學體育研究所碩士論文，未出版。頁 139。

4.　陳迺臣（1995）。教育哲學。台北：心理出版社。頁 182。

5.　張耀宗（1999）。老子思想對教育的啟示。教育資料與研究，第二十八期，頁 60-62。

6.　普穎華（1996）。禪宗美學。台北：昭文社。頁 7-8。

7.　曾俊華（1990）。運動的神祕經驗研究。國立台灣師範大學體育研究所碩士論文，未出版。

8.　菲爾•傑克森著，杜默譯（1997）。公牛王朝傳奇。台北：智庫文化。頁 4。

9. 鄔昆如（1989）。人生哲學。台北：五南。

10. 傅佩榮（1990）。我看哲學。台北：業強出版社。
    頁 1。

11. 劉一民（1991）。運動哲學研究。台北：師大書苑。

12. 顧兆台（1986）。運動無我經驗研究。國立台灣師
    範大學體育研究所碩士論文，未出版。

（本文摘自桃園文教 14 期，1999 年 11 月）

# 國民小學運動教練領導行為與
# 運動員偏差行為的省思

## 壹、問題背景

　　心理學和社會學者們對於「領導」的研究已有七、八十年的歷史。但是將領導理論用於運動組織上，卻是近三十年的事。在運動團隊中，教練的角色是領導者的觀念，早為眾人所接受；在運動員及團隊的成績表現上，教練扮演著非常重要的角色（王耀聰，1997）。

　　近幾年來國際間現役運動員發生了許多行為偏差的事件（如泰森強暴案、大陸運動員服食禁藥…等）。不僅在國際間是如此，在國內運動界中亦隨著社會形態的變遷及運動的高度競技化，運動員所產生的偏差行為比例亦逐漸升高及多樣化，實為一嚴重的問題（林聰哲，1996）。第二十二屆瓊斯杯籃球賽，菲律賓不顧運動道德，小動作不斷，所引發出的暴力事件，更顯現出教練領導行為的重要。事實上教練在其專業生涯中，除了運動技術的指導外尚須擔任：良師益友、諮商者、公關人員、心理學家、法官、

政治家、籌款者、器材設備管理等角色。(許義雄，1989；陳玉娟，1995；劉一民，1989；鄭志富，1997)。而這些角色的扮演又必須隨著運動員的年齡及技能的增長而做適當的調適進而塑造整個領導行為模式。

　　許義雄 (1989) 指出，教練對運動員的影響比學校的老師更大、更深遠，體育系學生最難忘或最欽佩的師友，通常是他們過去的運動教練，教練可以說是兄長、益友、嚴師，對運動員的影響既深且遠，其重要性不可言喻。因此，由於教練的角色複雜，影響運動員的行為觀念、人生態度，更是扮演著舉足輕重的地位。

　　大學體育系學生的想法如此，在小學當中更不用多說，小學生對老師的崇拜與敬佩更是瘋狂與著迷；特別是運動教練，在教與學的複雜過程中更能產生一種特殊的情感，牽引著彼此的心靈，朝著共同的目標邁進。

　　啟蒙教練的施教對象多是身心發展未臻成熟的國小學童，有關的施教作為應該有別於其他階段的教練而有特殊的倫理考量。(蔡崇濱，1997) 所以身為國小教練，更應注意自己的領導行為，身教更重於言教，為運動員樹立一個最佳的楷模。

## 貳、領導行為類型與相關研究

### 一、運動教練領導行為類型與相關文獻

Chellandurai & Seleh (1978；1980)綜合對教練領導行為的描述發展運動領導行為量表（The Leadership Scale For Sports，LSS）做為驗證教練領導行為的工具，該量表總共四十個題目，分為五個領導行為向度 1.訓練和教學行為(training and instruction behavior)。2.民主行為(democratic behavior)。3.專制行為(autocratic behavior)。4.社會支持行為(social support)。5.積極回饋行為(positive feedback)。

表一：運動領導行為向度

| 領導向度 | 行為描述 |
|---|---|
| 訓練和教學行為 | 教練藉由辛苦的訓練來增進運動員的成績表現，指導運動員的技術、技巧、戰略，釐清隊員的關係，安排成員的活動。 |
| 民主行為 | 教練允許運動員們參與關於球隊目標練習方法比賽的戰術和戰略的決定過程。 |
| 專制行為 | 教練強調個人的獨立判斷和教練個人權威。 |
| 社會支持行為 | 教練關心運動員個人的福利，注重正面的團隊氣氛和隊員間溫暖的人際關係。 |
| 積極回饋行為 | 教練對運動員有良好的表現時，給予認同和報酬的行為。 |

資料來源： Chelladurai,p.(1993).Leadership. In R.N.Singer,M.Murphey,& L.K. Tennant(Eds), Handbook of research on sport psychology （ pp.647-671 ）.New York:Macmilan.

（一）翁志成（1994）綜合了林文達（1986）將領導類型，
分為專制、民主、放任，三種。吳清基（1980）分
為獨裁、民主、放任三種，分析出運動教練的類型
為：權威式與專制獨裁不同，運動教練是專業的行
業，建立運動教練的權威是團隊發展中重要的一
環。民主式，接納運動員的意見，而不固執己見者。
放任式，比賽或練習時不會為選手做任何決定，幾
乎不會指導。

（二）鄭敏雄（1992）為了補充(Chelladurai,1978 )所解釋運
動領導量表在因素分析時解釋量偏低的原因及為了
增加量表的周延性，於是又加了二十題，分為兩個
向度，分別是教練的專業、經驗能力行為以及教練
公私分明行為，而這兩個向度的確反應出是我國重
要教練的領導行為。

二、以運動領導量表（LSS）所作的相關研究

（一）性別方面

鄭志富、方明營(1994)以大專足球選手 441 名為受試
對象，研究大專足球教練的領導行為，結果發現：
在知覺教練的民主、專制、關懷、獎勵的行為上，
女選手較男選手為佳。鄭敏雄(1992)以 454 位大專田
徑及排球選手為研究對象，研究大專院校教練領導

行為與運動員滿足感關係之研究，結果發現：男生較喜歡教練的回饋、關懷與專制行為，女生較喜歡教練的民主與公私分明行為。

（二）年齡與時間方面

鄭志富、方明營(1994)的研究發現十七歲以下的選手較二十一歲至二十三歲的選手，知覺教練有較多的獎勵行為。鄭敏雄(1992)的研究發現：運動員從事該項目運動訓練時間的長短並不影響運動員喜歡教練的行為。

綜合以上相關文獻，領導的向度可歸納為：訓練和教學、民主、專制、社會支持行為、積極回饋行為、專業精神、公私分明及放任九種，如此整個領導向度將趨於完整。在性別、年齡、經驗能力方面，無論是知覺教練的關懷行為、民主、專制、獎勵或是滿足關係與回饋，都有這方面的研究；而知覺教練領導行為的背後所影響到運動員的行為狀況，並未加以探討，所研究的選手都只有大專、高中以及國中，國小並未納入研究之中，所以在這方面更值得去加以深思。

## 參、偏差行為與相關研究

Robert K. Merton 根據目標和手段兩者間的不同適應方式，分個人的行為有五種：

表二：

| 適應　　層面 | 文化目標 | 制度化手段 |
|---|---|---|
| 1 守法型 | 接受 | 接受 |
| 2 創新型 | 接受 | 拒絕 |
| 3 儀式型 | 拒絕 | 接受 |
| 4 逃避型 | 拒絕 | 拒絕 |
| 5 叛逆型 | 改變 | 改變 |

資料來源：林聰哲(1996)。運動員偏差行為之探討。人力發展 32 期，頁 70-72。

　　守法型是正正當當的選手，而創新型接受了運動競技中的目標爭取勝利，但卻採用不當的手段達到。第三類忽視了運動文化應盡力爭取勝利，卻固執於制度化的運動規則。逃避型常藉由外力如酒精藥物來逃避無法承受的壓力。叛逆型則想以自己的理想來達到目的並改變現有運動規範便於成就自己。

　　張麗梅(1995)在家庭氣氛、父母管教態度與兒童偏差行為關係之研究中，採用自編的「國小學生家庭生活問卷」為研究工具進行施測，結果顯示：家庭氣氛不和諧時其家人行為發展必有偏

差，父母管教態度不合理則兒童必然有偏差行為的傾向，因此營造「愛」的家庭氣氛及調整父母的管教態度是非常重要的，另外預防偏差行為更需要學校的配合，有一句話說：「偏差行為的產生，種因於家庭，顯現於學校，惡化於社會」是故不可不慎。李旻陽(1992)在國中學生學業成績、師生互動與偏差行為關係之探討中，用自編的調查問卷包含個人基本資料調查表、師生互動關係量表、偏差行為量表三部分，發現，現今國中生的師生互動情況不佳，現今國中生的偏差行為普遍存在，國中生的學業成績，師生互動與偏差行為之間有密切的關係，因此學校老師應主動促進良好的師生互動並重視學業成績對國中生的影響。劉玲君(1995)在國中生之家庭特質與其心理需求偏差行為之分析研究中，使用工具包括「家庭生活感受量表」「個人心理需求量表」「自我報告偏差行為問卷」三種，調查發現，國中生最高的三項心理需求依序為親和需求、樂善需求與變異需求，而國中生最常見的三項偏差行為依序為考試作弊、賭博與喝酒，家庭氣氛和諧的學生有較高的成就，親和、樂善完整家庭的學生的求援需求較高，單親家庭學生的卑遜需求較高，而單親家庭學生有較多的偏差行為，所以應加強親職教育及針對不同學生的個別需求與能力安排適當的教育課程，在學習活動及輔導方面應特別注意單親及家庭氣氛惡劣的學生。林適湖在其社會控制理論與國中學生偏差行為之相關研究的博士論文中，透過自陳量表，瞭解台北市國中學生的生活環境及其與偏差行為的相關程度，研究結果顯示，社

會控制理論的四個連結鍵與偏差行為的三個類型（強迫型、家居型、學習型）間有顯著相關存在，而針對同儕類型不佳的國中生應加強其附著力、致力、信仰上的連結力，關切子女的交友狀況，加強辦理親職教育及民主法治觀念的宣導。

　　林適湖(1991)將學生偏差行為分為三種類型：1.強迫型偏差行為，此型特質的人易於對受害者或自己產生財物或生理上的直接威脅，例如：攜帶刀械、強取別人財物、破壞公物、打架、集體鬥毆、吸食強力膠等。2.家居型偏差行為，此類型偏差行為的發生地點可能與家庭因素有關或因為家庭因素而導致偏差行為的發生例如：深夜在外遊蕩、夜晚無故不回家睡覺。3.學習型偏差行為，此類型偏差行為的發生地點以學校為主要，例如：上課不專心、故意侮辱師長。李旻陽(1992)將偏差行為的類型分為：1.校園內的偏差行為2.暴力性的偏差行為3.違反社會風俗的偏差行為4.偷竊行為四種。張麗梅(1995)則將偏差行為分為1.逃避行為2.退化行為3.侵害行為4.詐欺行為四種類型。劉玲君(1995)則在「自我報告偏差行為問卷」中將偏差行為細分為十七項：

　　抽煙、喝酒、賭博、考試作弊、逃家逃學、故意侮辱父母師長、閱讀不良書刊、出入不良場所、深夜在外遊蕩、攜帶刀械、擅自拿走他人財物、破壞公物、恐嚇勒索、打架、集體鬥毆、藥物濫用。

綜合以上理論及相關文獻，可歸納出學生偏差行為可分為強迫型、家居型、學習型、逃避型、偷竊型五大類，然而這些研究都著重在家庭與師生互動上，應用於運動員之研究，可說非常之少，如將 Robert K. Merton 的創新、儀式、逃避、叛逆四種類型與上述五種類型結合，來探討運動員偏差行為，將是一項嚴謹的方法。

## 肆、省思

國民教育是一切教育的基礎，國小運動教練是更是運動員的心靈導師，教練的領導行為，深深影響到運動員在未來的表現，無論是身體行為上，還是心靈層次上，皆佔有足夠的份量。因此，在國民小學階段的有關研究，更應該加一把勁，而不應該呈現倒金字塔型的趨勢。

由上述的相關研究當中，我們可以很清楚的看出，有關運動員的行為探討，相當缺乏，而有關偏差行為的研究當中，大都針對青少年方面，少有將範圍縮小到針對運動員方面，然而有一點很重要的是，在這些偏差行為的青少年中，有一部分，就是學校中的運動健將，如果能經由教練的啟迪與疏導，相信是最直接、最迅速、最有效的方法之一了。

希望能藉由本文，喚起大家對基層教練的重視，給予鼓勵，他們的一言一行，的確深深影響到日後運動員的行為發展與做人

處世的原則；國小運動教練更應以身作則、自我要求，真正做到運動員的「心靈的導師」。

## 伍、結語

　　時代進步、社會經濟繁榮，愈來愈多的青少年已經沈淪在這世界中，而學童的偏差行為亦受了社會的影響，年齡層不斷往下降，而有關國小運動員的研究也愈來愈應該給予重視，來扶植他們在未來的世界中不斷的成長。不論是球技方面、品德方面，第一線的運動教練絕不能找藉口推卸這項重大的任務。教練的一言一行，深深的影響兒童，千萬不可只抱持著成績至上的心理，而不管人品道德的培養，人師比經師更為重要，這也突顯出運動教練與運動員之間關係的重要性了。

### 參考文獻

1. 王耀聰(1997)。領導理論與運動教練領導行為的探討。中華體育季刊 10 卷 4 期，頁 12-20。

2. 李宛蓉譯(1990)。風格領導。臺北，天下文化出版社。

3. 李旻陽(1992)。國中學生學業成績、師生互動與偏差行為關係之探討。私立中國文化大學兒童福利研究所碩士論文，未出版。

4. 林聰哲(1996)。運動員偏差行為之探討。人力發展 32 期，頁 70-72。

5. 林適湖(1991)。<u>社會控制理論與國中學生偏差行為之相關研究</u>。國立政治大學教育研究所博士論文,未出版。

6. 翁志成(1994)。運動教練的領導理論與類型。<u>中華體育季刊28 期</u>,頁 31-38。

7. 莊豔惠(1997)。<u>教練領導行為對團體凝聚力及內在動機的影響</u>。國立體育學院運動教練研究所碩士論文,未出版。

8. 陳玉娟(1995)。<u>臺灣地區游泳教練領導行為與選手成績表現及滿意度關係之研究</u>。國立臺灣師範大學體育研究所碩士論文,未出版。

9. 陳芬豔(1991)。偏差行為之理論探究。<u>傳習 8 期</u>,頁 187-193。

10. 許義雄(1989)。運動教練的角色-就人本主義觀點談起。<u>中華體育季刊 11 期</u>,頁 60-62。

11. 許淑慧(1998)。<u>我國柔道教練領導行為之研究</u>。私立中國文化大學運動教練研究所碩士論文,未出版。

12. 張麗梅(1998)。<u>家庭氣氛、父母管教態度與兒童偏差行為關係之研究</u>。私立中國文化大學兒童福利研究所碩士論文,未出版。

13. 黃金柱(1990)。國家級運動教練領導行為調查研究。<u>體育學院論叢,第一卷,第二期</u>,頁 257-336。

14. 黃維憲(1978)。偏差行為的類型探討。<u>思與言 16 卷 2 期</u>,頁 70-75。

15. 鄭敏雄(1992)。大專院校教練領導行為與運動員滿足感關係之研究。

16. 國立臺灣師範大學體育研究所碩士論文,未出版。

17. 鄭志富(1997)。運動教練的領導行為研究取向。國民體育季刊 26 卷 2 期,頁 82-90。

18. 鄭志富、方明營(1994)。大專院校足球教練領導行為之研究。臺北,漢文出版社。

19. 劉玲君(1995)。國中生之家庭特質與其心理需求、偏差行為之分析研究。國立彰化師範大學輔導研究所碩士論文,未出版。

20. 蔡崇濱(1997)。啟蒙教練的專業倫理。國民體育季刊 26 卷 4 期,頁 29-35。

21. 盧俊宏(1993)。運動心理學。臺北,師大書苑。

22. 韓幼賢(1980)。淺談社會理論對偏差行為的解釋。輔導月刊 17:1/2,頁 43-46。

23. 羅虞村(1989)。領導理論研究,三版。臺北,文景出版社。

24. Chelladurai,p.,Haggerty,T.R., & Baxter,P.R. (1989).Decision Style Choices of University Basketball Coaches and Players. Journal of Sports and Exercise Psychology,11,201-215.

25. Chelladurai,p.(1994).Manual for the Leadership Scale for Sports. The Ohio State University.

26. Chelladurai,p.(1993).Leadership. In R.N.Singer,M.Murphey,& L.K. Tennant(Eds), Handbook of research on sport psychology.New York:Macmilan.

27. Chelladurai,p. and carron a.v.(1983). Athletic Maturity and Preferred Leadership. Journal of Sports Psychology,5,371-380.

28. Chelladurai,p.(1990).Leadership in sports: A Review. Int. J. Sport Psychol, 21,328-354.

29. Chelladurai,p.(1983).Discrepancy Between Preference and Perceptions of Leadership Behavior and Satisfaction of Athletes in Varying Sports. Journal of Sports Psychology,6,27-41.

30. Courneya,K.S., & Chelladurai,p.(1991). A Model of Performance Mea-sures in Basketball. Journal of Sports Exercise Psychology,13,16-25.

31. Crossman,J.E. (1985).The Objective and Systematic Categorization of Athlete and Coach Behavior Using tow Observation codes. Journal of Sports Behavior,8,195-207.

32. Dwyer,J.M., & Fishcer ,D.G. (1988).Psychometric Properties of the coa-che's Version of Leadership for sport. Perceptual and Motor Skills,67,795-798.

33. Gordon,A. M. D.(1986).Behavioral correlates of coaching effectiveness.

34. Unpublished doctoral dissertation. University of Alberta, Canada.

35. Horn, T. S. (1985).Coaches'feedback and changes in children's perceptions of their physical competence.Journal of Educational Psychology,77,174-186.

36. Lanning,W.(1979). Coach and Athlete Personality Interaction:A Critical variable in Athletic Success.Journal of Sports Psychology,1, 262-267.

37. Mcmillin, C. J.(1990).The relationship of athlete self-perceptions and athlete perceptions of leader behaviors to athlete satisfaction Unpublished doctoral dissertation. University of Virginia. U.S.A.

38. Martin,g.,& Hrycaiko,D.(1983). Effective Behavioral Coaching:Whats's It all About?.Journal of Sports Psychology,5,8-20.

39. Serpa,S.,Pataco,V., & Santos,F. (1991). Leadership Pattern in Hand-Ball International Competition. International Journal of Sports Psychology,22,78-89.

40. Soucie,D. (1994).Effective managerial Leadership in Sport Organi-zation. Journal of Sports Management,8,1-13.

（本文摘自學校體育 56 期，2000 年 4 月）

# 判躲避球死刑　因噎廢食

　　民意論壇十五日「躲避球該下台一鞠躬了」與十六日「躲避球培養了什麼運動精神」二文，指出了躲避球種種不適當發展的因素。然而，躲避球只不過是體育課中的一個項目，實在不必因噎廢食。躲避球除了具有投擲、接球、傳球、躲避、跳躍、蹲的基本動作外，並能培養學童的敏捷性、協調性、反應能力，再配合戰術、戰略的應用，遵守比賽規則，進而發揮高度團隊精神。而且，躲避球這項球類運動也因為時代的進步而與時漸進，因此，出現了改良式的「新式躲避球」，除了規則的修正，最重要的是「球的材質」已經大大的改善，不至於傷人。所以，也有了全國性的「新式躲避球」比賽。

　　小學體育教學的目的，並非培養精英式的競技性運動選手，而是讓學童廣泛的涉獵各項運動，培養他們體驗流汗、健康，進而日後選擇自我喜好的運動，最後培養終身運動的好習慣。

　　目前各師院已增設體育科系，而各體院也廣設教育學程，相信日後的小學體育師資將會愈來愈充實，而前面兩名作者的遺憾，也會慢慢改善。吾人應從多面向的角度去思考，才是學生之福。

（本文摘自 2002 年 6 月 17 日　聯合報）

# 歷史回顧——金球獎少年籃球賽

## 壹、前言

　　已有三十多年歷史的全國少年籃球賽今年因 SARAS 的關係而停辦，相信對很多的教練以及同學而言皆會感到非常的遺憾。然而歷史的樂趣不就是在這種曲折的事件中更顯出其生命力嗎？本文主要介紹台灣民國四十、五十年代，掀起一股少年籃球風潮的金球獎少年籃球賽，進而希望能喚起記憶，習取經驗與搶救史料。撰寫方式採用西方敘述主義的歷史哲學觀點：「敘述是史學家處理歷史資料、撰寫歷史的最適宜形式，只有敘述的形式才能最好地反映具有連續性，具有變化流動性的歷史內容，也只有敘述的歷史才能使讀者感到愉悅並得到陶冶。」（嚴建強、王淵明，民 90）

## 貳、少年籃球的源起

　　民國 46 年 6 月 19 日，美國國務院在文化交流計劃安排下，派遣美國少年籃球發明人詹亞吉來台，介紹少年籃球運動。並經當時中華民國體育協進會總幹事江良規博士籌劃，先後訪問，女師附小，國語實小，日新國

校等小學，以及師大附中、建國中學、文山中學、成功中學等校，並於台北國際學舍體育館舉辦少年籃球講習班，從事少年籃球推廣工作。（湯銘新，民 66）同年 6月 27 日中華民國體育協進會舉行推廣少年籃球座談會，由周鶴鳴主持，會中決定成立中華少年籃球推行委員會，並認為應有一套完整且具有實際基礎之規則。（中華日報，民 46 年 6 月 28 日）推行對象將以初中以下學生為主，推行計劃分三項原則：一、每校至少設一少年籃球場。二、設少年籃球指導講席班。三、舉行分區比賽。（中華日報，民 46 年 6 月 28 日）因此之故，首屆的中華少年籃球錦標賽於民國 46 年 7 月 23 日於三軍球場舉行。國軍體育促進會易總幹事鑒於少年籃球確具推廣價值，一切費用皆由國軍體育促進會負擔，不收報名費，不收門票，凡 12 歲以下少年皆可組隊參加。比賽規則在中華少年籃球規則尚未訂定前，將以美少年籃球規則為準。（中華日報，民 46 年 7 月 6 日）典禮由國軍體育促進會會長，參謀總長王叔銘將軍主持開球，並致詞說：「此為中華民國籃球史上第一次舉行正式少年籃球比賽，故今天的比賽不但具有歷史價值，而對於我國未來的籃球運動，更具有重大的啟蒙意義，並希望此次參賽的選手，多對技術作深刻的研究，注重體育道德，從努力中求取進步。」（中華日報，民 46 年 7 月 24 日）

顯見當時軍中對籃球運動的支持與推廣，少年籃球運動
得以開始推廣。

## 參、中華日報金球獎少年籃球賽

　　第一屆中華日報「金球獎」少年籃賽，由中華日報、
省籃球協會以及中國體育用品社三單位聯合主辦，於民
國 47 年 8 月 15 日下午七時在北市公賣局球場揭幕，分
國校與初中兩組。並在兩組中選拔模範球員十名，入選
的條件必須具備：球技超群，學校成績優良、品行端正
與體格健全四項。並聘請七名選拔委員負責選拔，這七
人是：主任委員周鶴鳴（中華全國兒童籃球委員會主任
委員）、湯銘新（師大講師）、劉世珍（兒童籃球委員會
總幹事）、王屏周（師大副教授）、龔樹森（兒童籃球委
員會委員）、張世榮（中華全國體育學會祕書）、李迪（本
報體育記者）。（中華日報，民 47 年 8 月 13 日）

　　第二屆中華日報「金球獎」少年籃賽，於民國 48
年年 7 月 27 日起至 8 月 15 日在台北市基督教青年會萬
華會所籃球場舉行，本屆比賽仍分設小學男童及初中男
童兩組，小學組球員以年齡以民國三十六年七月二十六
日以後出生為限，初中以民國三十四年六月二十六日以
後出生為限。報名處設於台北市開封街八十五號中國體
育用品社內。（中華日報，民 48 年 7 月 14 日）本屆由

中華日報、中華全國少年籃球推行委員會、台灣省籃球協會、中國體育用品社以及台北基督教青年會等單位合辦。開幕將由本報社長曹聖芬夫人熊文黛主持開球。（中華日報，民 48 年 7 月 27 日）共 26 隊參加，初決賽共舉行四十六場，國校組先舉行後才於 8 月 5 日進行初中組的比賽。（中華日報，民 48 年 8 月 16 日）

　　第三屆中華日報「金球獎」少年籃賽於民國 49 年 8 月 19 日下午一時於台北市公園路女師附小籃球場揭幕仍分初中及國校兩組，國校五隊採單循環決賽，初中十六隊分四組，每組單循環，取冠軍隊再單循環決賽（中華日報，民 49 年 8 月 19 日）。經七天四十場之角逐，於民國 49 年 8 月 25 日下午四時在女師附小體育館閉幕，由大會會長鄭品聰頒發優勝獎品。（台灣新生報，民 49 年 8 月 26 日）中華日報並專欄介紹國校組冠軍隊女師附小，女師附小四年級即開始訓鍊，這個階段注重基本動作的指導，等到五年級才改換為攻守防衛的訓練，且其隊員必須是學業成績優良，身材合乎標準，而又得到家長同意才行。（陳生益 a，民 49）初中組黑白隊是北市聞名的建國中學校隊，該隊市民國四十六年建軍，由於比賽規定身高不得超過 160 公分，年齡不得超過十四歲，所以隊員都是初一及初二的學生，且陣中有多位女師附小與國語實小的籃球好手。（陳生益 b，民 49）

圖片說明：金球獎籃賽兩組冠軍隊（黑白隊與女師附小隊）與中華日報鄭品聰社長合影。（趙次淵攝）

資料來源：金球獎少年籃賽初中組 黑白隊榮獲冠軍。（民49年8月26日）。中華日報，3版。

　　中華日報金球獎籃球賽只辦了三屆。因此，民國50、51、52這三年，國內少年籃球沉寂了一段時期。（湯銘新，民66）直到第一屆聯合報「金球獎」少年籃球賽的舉辦，少年籃球運動才又活了起來。因此，民間企業的支持與實際行動實正左右了此時期的籃運發展。

## 肆、聯合報金球獎少年籃球賽

　　第一屆聯合報「金球獎」少年籃球賽開辦於民國53年，由聯合報主辦，在台北國際學舍體育館揭幕，由聯合報社長范鶴言主持典禮，參加的隊伍共四十六隊。（聯合報，民53年3月26日）這是自由中國有少年籃賽已來規模最大的一次，因此在揭幕典禮時，國際學舍內洋

溢著歡笑，塞滿了十四歲至十六歲的孩子。（聯合報，民
53 年 3 月 26 日）比賽從三月二十五日至四月十五日進
行。將近半個多月，分為初中男甲組 18 隊（民國 37 年
以後出生），初中男乙組 13 隊（38 年以後出生）。初中
男丙組 6 隊（39 以後出生），初中女子組 9 隊，共 46 隊。

　　第二屆聯合報「金球獎」少年籃球賽於民國 54 年
4 月 4 日開幕至 4 月 28 日閉幕，本屆金球獎少年籃賽
共有五十二個球隊參加，比賽共八十餘場，滬江中學代
表隊更獲得聯合報社長范鶴言所頒發的精神錦標，以鼓
勵其奮戰不懈的精神。（聯合報，民 54 年 4 月 29 日）
舉辦的目的主要是培養我國籃壇生生不息的人才。

圖片說明：男甲組冠軍飛虎隊與聯合報社長范鶴言（中）合影。（陳明
輝攝）

資料來源：金球獎籃賽閉幕 范鶴言主持頒獎。（民 54 年 4 月 29 日）。
聯合報，2 版。

第三屆聯合報「金球獎」少年籃球賽於民國 55 年
8 月 29 日在台北市國際學舍體育館開賽，(聯合報，民
55 年 8 月 26 日) 參加這屆比賽的男子甲乙及女子組，
共五十個隊，此次的「金球獎」少年籃球賽，閉幕典禮
相當隆重的舉行，四十一個機關、團體及公司贈送的錦
旗、銀盃和禮品將分送優勝球隊的球員，另外養樂多公
司贈送的六百六十瓶養樂多也分送給球員飲用。(聯合
報，民 55 年 9 月 9 日)

　　第四屆聯合報「金球獎」少年籃球賽，於民國 56
年 8 月 25 日至 9 月 9 日在國際學舍體育館前舉行，計
男子甲組 26 隊，男子乙組 20 隊及女子組 5 隊參加比
賽。(聯合報，民 56 年 8 月 16 日) 雖然報名的球隊很
多，但是此間少年籃球運動根本不受重視，當時的名籃
球教練湯銘新感嘆的說：「目前除了金球獎比賽外，又
有誰主動的肯出錢致力於這項有意義的活動，參加金球
獎的球隊，領隊與教練都是學生自己兼任，沒有管理，
出場的球員就是全隊命中率較高的，球員只知道用體力
打球，而不瞭解如何打球，歷年的少年籃賽中，很少球
員的基本動作是正確的，全是憑體力猛打猛衝，全無團
隊陣式，歷屆中華代表隊集訓時，很多國手的基本動作
被重新訓練糾正。這就說明了這些國手開始打球時，沒
有學到正確的動作。」(孫鍵政，民 56) 全力提倡體育，

推行體育的口號，各界都喊得很響亮，但是真正具體的培養運動風氣，訓練幼苗的，又有那些？關心籃壇的人士都能指出，目前我國籃球界的一個最嚴重問題就是，為甚麼總是那幾付老面孔打球？為甚麼難有新人出現，探尋這個問題的癥結，很簡單的從少年籃運不能與社會籃運相銜接得到解答，工商界雖對提倡體育有很大的助力，但對真正發展體育培育人才方面卻無實際助益，因為工商業組織球隊時，多是著眼於已成名的球員。（孫鍵政，民 56）

第五屆聯合報「金球獎」少年籃球賽，於民國 57 年 8 月 21 日至 9 月 9 日開賽，共九十七隊參加，其中男生甲組 57 隊、男生乙組 17 隊；女生甲組 4 隊、女生乙組 6 隊；國校男童組 8 隊、國校女童組五隊。（聯合報，民 57 年 8 月 18 日）范鶴言社長在閉幕典禮上致詞說，金球獎少年籃球錦標賽，五年來，參加的球隊一年比一年增加，今年達到 97 隊，可以看出我國少年籃運一天天發達，象徵我國籃運逐漸復興，並認為這些少年選手，將來可成為我國參加世運、亞運或者國際賽的選手。（聯合報，民 57 年 9 月 10 日）此次球賽，各界均甚重視，所致贈的錦標、獎牌、錦旗達五十多個，獲得 1968 年在新加坡舉行的亞青杯籃球錦標賽冠軍的中興中學隊，在金球獎男子組中發掘了十七名優秀隊員參加

該隊，其它球隊也紛紛在比賽中找尋新人。（聯合報，民 57 年 9 月 10 日）

第六屆聯合報「金球獎」少年籃球賽，於民國 58 年 8 月 28 日至 9 月 9 日開賽，共九十隊參加，參加比賽的球隊，女甲組三隊、女乙組九隊、男甲組四十九隊、男乙組二十九隊。（聯合報，民 58 年 8 月 27 日）

第七屆聯合報「金球獎」少年籃球賽，於民國 59 年 9 月 3 日至 9 月 12 日開賽，共六十三個男女球隊參加，由聯合報主辦，南山商工職校協辦。（聯合報，民 59 年 9 月 13 日）男甲組有三十隊，男乙組二十隊，女甲組五隊，女乙組八隊報名參加。（聯合報，民 59 年 9 月 3 日）聯合報金球獎少年籃球賽共舉辦七屆，此後的少年籃球賽則由從民國 58 年所開始舉辦的第一屆全國少年籃球賽所持續下去，一直至今。

## 伍、結語

金球獎少年籃球賽的舉辦對我國少年籃球運動的推廣有著莫大的助益，也對我國日後籃球運動人才的培育奠定了相當大的基礎。再者，企業與單項協會合作，甚至與政府合作的模式更值得加以學習且賡續推動，吾等非常樂觀其成。尤其金球獎少年籃球賽由報業的共同推動，在媒體的傳播上更是佔盡優勢，從當時中華日報

與聯合報的報導篇幅來看，都佔了相當大的版面，與現在的 HBL 高中籃球聯賽相比，毫不遜色。展望未來，相信我國的少年籃球運動應該更加蓬勃才是。

## 參考文獻

1.　嚴建強、王淵明（民 90）。<u>西方歷史哲學</u>。台北市：慧明文化。283 頁。

2.　湯銘新（民 66）。<u>少年籃球指引</u>。台北：廣城出版社。41 頁。

3.　少年籃球對象 初中以下學生。（民 46 年 6 月 28日）。<u>中華日報</u>，3 版。

4.　提倡少年籃球。（民 46 年 7 月 6 日）。<u>中華日報</u>，3版。

5.　小球史上揭開新頁 少年籃球首次比賽。（民 46 年7 月 24 日）。<u>中華日報</u>，3 版。

6.　金球獎兒童籃球賽 定本週五下午揭幕。（民 47 年8 月 13 日）。<u>中華日報</u>，3 版。

7.　金球獎少年籃賽 即日起開始報名。（民 48 年 7 月14 日）。<u>台灣新生報</u>， 4 版。

8.　金球獎少年籃賽 今在青年會揭幕。（民 48 年 7 月27 日）。<u>中華日報</u>，3 版。

9.  金球獎籃賽閉幕 昨舉行頒獎典禮。(民 48 年 8 月
    16 日)。<u>中華日報</u>，3 版。

10. 金球獎籃球賽 今起揭開戰幕。(民 49 年 8 月 19
    日)。<u>中華日報</u>，3 版。

11. 金球獎少年籃賽閉幕 黑白獲初中冠軍。(民 49 年
    8 月 26 日)。<u>台灣新生報</u>， 4 版。

12. 陳生益。(民 49 年 8 月 26 日)。黑白隊榮獲冠軍。
    <u>中華日報</u>，3 版。

13. 少年籃賽昨天揭幕 娃娃球隊分組鏖戰。(民 53 年
    3 月 26 日)。<u>聯合報</u>，2 版。

14. 金球獎籃賽閉幕 范鶴言主持頒獎。(民 54 年 4 月
    29 日)。<u>聯合報</u>，2 版。

15. 金球獎少年籃賽 二十九日揭幕。(民 55 年 8 月 26
    日)。<u>聯合報</u>，2 版。

16. 金球獎籃賽 今晚頒獎。(民 55 年 9 月 9 日)。<u>聯合
    報</u>，2 版。

17. 金球獎少年籃球賽 男女五十一隊參加。(民 56 年
    8 月 16 日)。<u>聯合報</u>，5 版。

18. 孫鍵政。(民 56 年 8 月 22 日)。少年籃球運動 值
    得大力提倡。<u>聯合報</u>，5 版。

19. 金球獎少年籃賽 定今編排賽程。（民 57 年 8 月 18 日）。<u>聯合報</u>，6 版。

20. 金球獎少籃賽閉幕。（民 57 年 9 月 10 日）。<u>聯合報</u>，6 版。

21. 金球獎少年籃賽 九十隊參加。（民 58 年 8 月 27 日）。<u>聯合報</u>，6 版。

22. 金球獎少年籃賽閉幕。（民 59 年 9 月 13 日）。<u>聯合報</u>，5 版。

23. 金球獎少籃賽 今天開始角逐。（民 59 年 9 月 3 日）。<u>聯合報</u>，6 版。

（本文摘自學校體育 77 期，2003 年 8 月）

# 奉獻的心

常有人問：「何必這麼累，好好教書就好了嘛！帶什麼球隊？」相信聽到這句話的基層教練們，必定也只能「表面微笑，心裡苦笑了！」酸甜苦辣，一切點滴在心頭。

現今的教育環境中，已無法強迫老師們必須一定得帶球隊。然而為何還會有一些堅守自己夢想與理想的老師，還是願意執著在培育的工作中呢？原來他們不認為這是工作，而是興趣。在國小的運動教練，大部份都是由老師兼任的，而這些老師皆是懷抱著「熱情的心，執著的情」來實踐自己的教育理念。如果沒有了這項元素，根本無法在現今的現實體制中持續下去。

而我現在也能漸漸體會到那些老一輩教練的人生哲學了：多少個晨昏，多少個寒暑，看見小樹漸漸的茁壯，彷彿是自己運動生命的一種延續；有血有淚，有苦有甘，師徒之情緊緊相繫，為日後增添了不少佳話。

至今我常懷念以前在學校練球的日子，也是我目前常常回想的素材之一，那種為共同目標而奮鬥，為教練、隊友真摯的情誼而打拼的日子，常常是我與學生做心靈溝通的最佳教材。我也懷念我以前的教練們，在他們呈現辛勤努力的成果後面，想必也有家人的淚水與支持。

　　代代傳承，青出於藍更勝於藍，不就是教練們的運動哲學嗎？更希望的是學有所成的學生也能秉持這種「體育人的心」，發揮「體育人的情」，為下一代的培育工作盡點心力。

　　記得曾經看過一則「地瓜王與蕃薯藤」的故事：當地瓜王經由藤蔓展現新的生機之時，自己也因一點一滴的消耗，使本身的能量逐漸枯萎乾癟，我們所敬佩的正是「地瓜王」在付出自己的同時，也正在開啟另一項生命的延續。「地瓜王」好比教練，「蕃薯藤」好比青春活潑的學生；燃燒自己照亮學生，一種無悔的付出。

　　目前教育部已籌組中小學棒球聯賽籌備委員會舉辦每年的比賽，國民小學樂趣化籃球聯賽也交給將 HBL 辦得有聲有色的高中體育總會籌劃舉行，顯示了當局的決心與重視；然而每年舉辦的教練講習會並未有一長遠的規劃與配套措施，無法讓基層教練有更進一步的進修機會與證照制度，這也是當前我國教練制度的問題所在。

　　誠摯的希望能藉由本文感謝在背後默默付出的基層教練們，由於他們的辛勤耕耘，才有今日蓬勃的體育發展；由於他們的全力支持，國家的政策得以推動，也希望能藉由本文喚起政府對基層教練的重視，藉由長期培訓學校教練的方法，建立起教練分級的證照制度，提昇大家對教練培育制度的視野，以改善教練制度的不健全，並制定一套完善的獎勵輔導制度，讓好的教練能留在基層，而勿成倒金字塔的發展，並協助企業贊助基層體育團隊，活化體育競賽，進而帶動運動風潮，厚植國力。

（本文摘自學校體育 68 期，2002 年 2 月）

# 從亞洲運動會談我國籃球未來的發展

## 壹、前言

　　亞洲棒球錦標賽，中華健兒全力以赴，拿到進攻
2004 年雅典奧運的門票，全民為之瘋狂。棒球成為國
球，已是理所當然之事。台灣的棒球也是唯一能站上國
際舞臺上的一項球類運動。然而，另一項深受青少年喜
愛的籃球，在亞洲的地位卻岌岌可危，每況愈下。因此，
本文擬從歷史的角度來探究，以我國籃球項目在亞洲運
動會的表現為起點，進而探討歷年亞洲運動會的籃球賽
事，俾做為日後之借鏡，期望能成為亞洲之籃球強國，
除了在 2006 年的亞運會有更好的表現外，更能像棒球
一樣，能在未來進軍 2008 年的北京奧運。

## 貳、亞洲運動會的源起

　　二次世界大戰後，於 1948 年倫敦舉行的第十四屆
世運會中，十三個亞洲國家體育領袖集會於倫敦之蒙特
皇家旅社，商討籌組亞洲體育聯盟，一致決議通過，首
屆大會遂於 1950 年在印度新德里舉行，每四年一次，
間隔在每屆世運會之間，項目經確定為：田徑、水上運

動、網球、棒球、曲棍球、籃球、排球、足球、拳擊、
摔角、舉重（奧伯譯，民47）。

　　第一屆亞洲運動會原定 1950 年 2 月在印度舉行，
後改為同年 11 月，其後又再拖延至 1951 年 3 月召開，
預定參加的有阿富汗、緬甸、印度、巴基斯坦、錫蘭、
印尼、尼泊爾、泰國、新加坡、伊朗、敘利亞、以色列、
日本等十四國。但其中敘利亞、以色列、巴基斯坦終未
與會，我國因大陸失陷，印度承認匪幫與我已無外交關
係，亦未參加。拳擊、摔角、網球、曲棍球、排球等均
未舉行（奧伯譯，民47）。其實，亞洲運動會宛如東方
的奧林匹克運動會，在亞洲扮演的角色不容忽視。

## 參、我國參加歷屆亞洲運動會中的籃球比賽成績

　　在歷屆亞洲運動會中，我國因為許多政治因素而未
能參賽，如第四屆亞運，主辦國印尼因政治與宗教因
素，拒絕台灣及以色列參賽（聯合報，民 51 年 8 月 26
日）。隨後 1973 年召開的亞運協會大會，更將台灣逐出
會員國讓中國加入（聯合報，民 62 年 11 月 18 日）。此
後，不斷受到中共在國際上的政治干預。因此，四十三
萬運動員於 1978 年 12 月 1 日簽名發表「中華民國運動
宣言」表明，唯有在中華民國國旗下，我國運動員才參
加比賽的立場（聯合報，民 67 年 12 月 1 日）。一直到

1990 年第十一屆北京亞運在民意趨向和政府開放兩岸
體育交流的政策下，雙方奧會經過多次談判，並於民國
78 年 4 月 6 日在香港簽署協議後，終以「中華台北」
的奧會模式參賽。（詹德基，民 88）我國男女籃球隊參
加亞運會綜覽如表一：

### 表一：我國男女籃球隊參加亞運會綜覽

| 時間 | 屆次 | 地點 | 男籃名次 | 女籃名次 | 備註 |
|---|---|---|---|---|---|
| 1950 | 第一屆 | 印度新德里 | | | 我國未參加 |
| 1954 | 第二屆 | 菲律賓馬尼拉 | 第二名 | | |
| 1958 | 第三屆 | 日本東京 | 第二名 | | |
| 1962 | 第四屆 | 印尼雅加達 | | | 我國未參加 |
| 1966 | 第五屆 | 泰國曼谷 | 第五名 | | |
| 1970 | 第六屆 | 泰國曼谷 | 第四名 | | |
| 1974 | 第七屆 | 伊朗德黑蘭 | | | 我國未參加 |
| 1978 | 第八屆 | 泰國曼谷 | | | 我國未參加 |
| 1982 | 第九屆 | 印度新德里 | | | 我國未參加 |
| 1986 | 第十屆 | 韓國漢城 | | | 我國未參加 |
| 1990 | 第十一屆 | 中國北京 | 第五名 | 第三名 | 女籃首次參加 |
| 1994 | 第十二屆 | 日本廣島 | 第六名 | 第四名 | |
| 1998 | 第十三屆 | 泰國曼谷 | 第五名 | 第四名 | |
| 2002 | 第十四屆 | 韓國釜山 | 第七名 | 第三名 | |

資料來源：筆者依據台灣帆船網之歷屆亞洲運動會規模簡介，取自：
http://www.sailing.org.tw/new_game/2002_ASIA/history.htm；

王覺一（民 91 年 10 月 13 日）。東森新聞報。亞運籃球雙塔發威中華女籃射日奪銅，取自：http://www.ettoday.com/2002/10/13/342-1362886.htm ；根據亞運採用計分法，我國籃隊屈居亞軍。（民 47 年 6 月 2 日）。聯合報，4 版；我昨在亞運籃球賽中力取菲隊贏得第五。（民 55 年 12 月 20 日）。聯合報，2 版；張昭雄（民 59 年 11 月 20 日）。亞運會籃球賽回顧與展望之一 我國曾獲兩屆亞運。聯合報，6 版；黃顯祐（民 87 年 11 月 10 日）。亞運褪色的榮耀系列之二 地主國暗中搞鬼 中華隊英雄有淚，聯合報，30 版；馮同瑜（民 79 年 12 月 23 日）。79 年體壇回顧與展望系列報導之一 籃壇陰盛陽衰差強人意。民生報，2 版；張建鈞（民 87 年 12 月 23 日）。日本女籃八年生聚教訓換得一金 中華隊動力不足成績不進則退。中國時報，30 版；整理而成。

　　由上表可知，我國籃球運動的水準，自 1958 年日本東京亞運第二名後就一直在四、五名之間徘徊，2002年更退至第七名；女子籃球則在三、四名之間擺盪。其中 1998 年的曼谷亞運，中華亞運男籃隊由十二名前 CBA 職籃明星選手組成，帶著國人的熱切期盼，希望能奪取好成績，但關鍵性一戰敗在哈薩克手中，失去四強資格，未能如願。（民生報，民 87 年 12 月 20 日）2002年韓國釜山亞運，在全國籃協打著男籃「換血」的口號，獲得歷屆最差的名次。亞運老國手賴連光曾批評中華隊「換血」過急，東亞運、亞洲賽和亞運都是重要的國際賽，不能以國家榮譽和成績來當作換血的試金石，何不用瓊斯盃來歷練年輕球員？為何不請球技、經驗較好的「老將」帶新人，逐步換血。反觀，中華女籃隊在亞運四朝元老錢薇娟的領軍下，卻打出十二年來的佳績，值得籃協和男籃隊借鏡和思考。（宮泰順，民 91）2003 年11 月 21 日開打的 SBL 超級籃球聯賽，我們可看到新浪

羅興樑、周俊三、黃春雄三位老國手的優異表現，在經過大陸甲 A 聯賽的洗禮之後，球技、身體對抗力、觀念更加的進步，足以做為年輕球員的模範，可是當時卻被「換血」而「告老還鄉」，令人不勝唏噓。

圖一：1990 北京亞運中華女籃
獲得銅牌

資料來源：馮同瑜（民 79 年 12 月 23 日）。79 年體壇回顧與展望系列報導之一 籃壇陰盛陽衰差強人意。民生報，2 版。

圖二：2002 釜山亞運中華女籃
獲得銅牌

王覺一（民 91 年 10 月 13 日）。東森新聞報。亞運籃球雙塔發威中華女籃射日奪銅，取自：http://www.ettoday.com/2002/10/13/342-1362886.htm

## 肆、我國籃球運動未來的發展

### 一、學校是國家籃運培育的搖籃

籃球員培育的工作，學校是最佳的場所，因此從國小籃球聯賽、國中籃球聯賽、HBL 高中籃球聯賽、大專籃球聯賽都是籃球員的舞台，然而為何經過這麼長時間的磨鍊培育之後，籃球這項目在國際間的成績卻每下愈況，究竟原因為何？值得深思？是我們學校培育工作出

了問題，還是國家代表隊的培育出了問題？以 2002 年韓國釜山亞運男籃代表隊為例，其實我們可以發現國內目前學校的籃球培育制度是成功的，高中球員就有五人獲選，大專球員也為數不少。（魏冠中，民 91）當國家代表隊成員超過一半是學校的在籍學生時，怎能不說學校籃球的培育工作是成功的呢？也正因為如此，這批新秀具有雄厚的潛力，值得國家培育。透過各級學校的籃球聯賽來帶動整個學校籃球的運動風氣，仍是非常值得鼓勵的事。

## 二、整體與完善的培育制度

然而，有完善的比賽制度，就更需要有完善的籃球教練培訓制度及籃球裁判的養成制度，如此學校籃球運動的水準才能更加的提升，可惜的是，整個國家代表隊的培訓方式是否有整體的規劃。以第二十屆亞洲女籃賽為例，體委會競技處長彭台臨表示：「我國女籃隊這次進軍奧運任務失敗，主要原因是體委會介入太晚，所以中華女籃隊遲至最近一個月才集訓，不像日本隊早有準備，並以擊敗世界四強的南韓為目標。」（魏冠中，民 93）。平心而論，我國國內籃運的水準，無論速度、體型、戰術都較以往有長足的進步，但亞洲其他各國的進步更快且不容小覷，尤其最近竄起的西亞地區的國家男籃隊，如哈薩克、沙烏地阿拉伯、卡達等，他們除了身

材高大，動作技巧也更加純熟，對我們來說的確是一項極大的挑戰。其次，從人口數的角度觀之，大陸約 13 億人口，日本約 1 億 2600 萬人，韓國約 4600 萬人，台灣約 2100 萬人（http://chinesecensus.com/）。我國能有目前這樣的成績，也算是正常的了；不過，韓國人口數遠遠不如大陸、日本，卻能有如此優異的表現，值得我們學習。

再者，有幾項問題必須思考，籃球運動人才的培育首要之務必須先有教練的導引，然而國內籃球教練人才的培育制度卻跟不上球員的養成制度與比賽制度，籃球裁判培育制度更是缺乏，而球迷的支持更是球員背後的發電機。因此，球員培育與球迷支持、比賽與銜接制度、教練與裁判是等邊三角形的關係，任何一邊失衡，籃球運動的水準就會受到擠壓，不可不慎，如圖一。

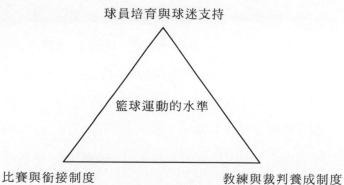

圖三：籃運水準關係圖

## 伍、結語

　　從亞洲運動會觀之，我國男籃曾有過光榮的歷史，然而物換星移，時不我予；女籃也僅在亞洲三、四名之間徘徊。值此國內籃運低潮之時刻，正如裕隆隊錢一飛總教練在媒體上接受採訪語重心長的指出：「在 SBL 超級籃球聯賽當中，裕隆隊的目標當然是要拿第一名，但更重要的是如何帶動刺激整個國內籃運的發展，走過陰霾。」有鑑於此，學校更應賡續培育球員，為籃壇培育生生不息的幼苗，聯賽持續的推動，升學管道的暢通，加強各個階段的銜接工作，厚植籃球教練與裁判的素養，結合球迷、企業與媒體的力量，才是根本之道。

## 參考文獻

1. 王覺一（民 91 年 10 月 13 日）。東森新聞報。亞運籃球雙塔發威中華女籃射日奪銅，取自：http://www.ettoday.com/2002/10/13/342-1362886.htm

2. 四十三萬運動員發表嚴正聲明 唯有在中華民國旗幟下 才參加國際上一切比賽。（民 67 年 12 月 1 日）。*聯合報*，3 版。

3. 李亦伸（民 87 年 12 月 20 日）。亞運男籃帶著遺憾回國。*民生報*，5 版。

4. 我昨在亞運籃球賽中力取菲隊贏得第五。（民 55 年 12 月 20 日）。*聯合報*，2 版。

5. 亞運採用計分法，我國籃隊屈居亞軍。（民 47 年 6 月 2 日）。*聯合報*，4 版。

6. 宮泰順（民 91 年 10 月 16 日）。亞運第七 歷來最差 男籃換血 操之過急。*民生報*，32 版。

7. 張昭雄（民 59 年 11 月 20 日）。亞運會籃球賽回顧與展望之一 我國曾獲兩屆亞運。*聯合報*，6 版。

8. 黃顯祐（民 87 年 11 月 10 日）。亞運褪色的榮耀系列之二 地主國暗中搞鬼 中華隊英雄有淚，*聯合報*，30 版。

9. 張建鈞（民 87 年 12 月 23 日）。日本女籃八年生聚教訓換得一金 中華隊動力不足成績不進則退。*中國時報*，30 版。

10. 馮同瑜（民 79 年 12 月 23 日）。79 年體壇回顧與展望系列報導之一 籃壇陰盛陽衰差強人意。*民生報*，2 版。

11. 奧伯譯（民 47 年 3 月 29 日）。亞運會簡史。*聯合報*，8 版。

12. 魏冠中（民 91 年 5 月 13 日）。亞運籃球國手出爐。*中國時報*，3 版。

13. 魏冠中（民 93 年 1 月 20 日）。阿娟別哭　亞運爭金還得靠你。*中國時報*，C6 版。

# 建構二十一世紀的臺灣體育博物館

## 摘要

台灣大大小小的博物館非常多，卻無一座國家級的體育博物館，此次在台東師院體育系系主任吳騰達教授的帶領下，親訪多處大陸博物館，試圖為未來將設立的台灣國家級體育博物館，提供一些思考方向以供執事者之參考，是為本研究之動機與目的。透過實地之考察與報章雜誌之彙整與分析，本研究提出以下諸項結論：

一、追本溯源，台灣體育博物館的設立，應從教育的觀點出發，使全民對體育有一深刻之認識，進而終身學習與終身運動。

二、以原住民的體育活動為起點，並典藏台灣民俗體育活動，進而結合現代體育活動，建立台灣特有的體育文化。

三、培育與結合人才，跨領域的合作，多角化的經營理念與獨特的建築風格，以躍登國際級的體育博物館。

## 壹、緒論

本研究的動機，主要是第一屆全國體育會議，經由台東師院體育系系主任吳騰達教授的提議，將籌建「國家體育博物館」列為重要議題，獲大會通過且列為國家未來體育重要

建設。目前已開始執行準備工作,正進行體育影像及文物的蒐集。有鑑於此,筆者經由體育博物館學的這門課中,隨行指導老師吳騰達教授,實地參訪與考察大陸北京中國體育博物館、中華民族博物院、故宮博物院、天津藝術博物館、上海博物館、浙江博物館以及一些歷史遺址博物館等,並蒐集相關的博物館學資料進行本研究,試圖建構出未來臺灣體育博物館所應走的方向,是為本研究的方法與目的。

早期博物館典藏十分複雜,幾乎都是綜合性博物館,晚近成立的博物館則有專精分化的趨勢,例如社會科學類的博物館分為歷史、考古、藝術、民族、民俗、紀念、遺址、礦工博物館,更有些專為盲人設置的博物館。在自然科學方面,博物館分成礦物、植物、動物、地球、天文博物館....等,專業博物館則有航空、船舶、鐵道、玩具、燈具、家具、郵政、火柴....等形色多樣的博物館,而英國已有專門蒐藏塑膠製品的博物館(註1)。因此,博物館專精分化是必行的道路,也是時勢所趨。大陸方面已於 1990 年 9 月 22 日成立了第一座體育博物館,反觀國內目前仍在起步之中,當務之急,乃希望能藉由本文以就教於各位先進賢達。

## 貳、實地考察

以下就筆者於 91 年 1 月 22 日至 2 月 2 日實地參訪考察的結果,做一整理說明,以借鏡於彼岸之優缺點,做為日後建立臺灣體育博物館之參考。

中國體育博物館位於北京安定門外國家奧林匹克體育中心東南側，建築面積為 7100 平方米，展出面積 2510 平方米，擁有六大展廳和一個中央大廳，分為中國古代體育（第一展廳），中國近代體育（第二展廳），中華人民共和國體育成就（第三、四、五展廳），以及中華民族傳統體育（第六展廳）四個部份。（註 2）不過由於正在整修設計之中，筆者只看到了前面三個部份。其中最精采的莫過於古代體育廳的部份。由於大陸得天獨厚的優越地理環境，再加上整部中國的歷史幾乎都是發生於這塊土地之中。因此，大陸方面所獲得的史料與考古出土的實物也更加的豐厚，所呈現的文物也更加多元。舉凡，古代的武術、射箭、投壺、角抵、蹴鞠、馬球、捶丸、圍棋、氣功養生等體育活動，無論是圖片或是模型與實物，都充份的表現了古代中國生生不息的體育活動，也為整座體育博物館，帶來了極佳的中國特色。相信在 2008 年奧運舉辦之際，大陸方面若能充份利用古代中國特有的體育文化，相信不但能一舉打響體育博物館的名號，也能為奧運主辦國增添些許的文化光采。

然而由於成立的時間已有十多年，整個外觀以及內部的陳設已有些許的老舊，廁所方面，也未能隨著時代的進步而有所改善。因此，為了迎接 2008 年的奧運，這座國家級的體育博物館，勢必要徹底整修設計一番，並投入更多的經費與人力，方能有所作為。

中華民族博物院則是陳列了整個中華民族共 55 個少數民族加上漢族共 56 個民族的一些建築設施以及代表性的文物。其中，大陸方面統稱台灣原住民為高山族，殊不知台灣原住民其實有 10 個族，差異頗大。但是，園中有陳列出排灣族的木雕藝術以及蘭嶼雅美族的彩繪船隻，更有阿里山的神木，仍見其用心之處。當然我們也欣賞了園內所安排的少數民族的傳統舞蹈，別具風味，展現了邊疆少數民族熱情的奔放與活力。

大陸方面近年來對於傳統民族體育活動推廣，不遺餘力，從 1953 年在天津舉行了全國民族形式傳統體育表演競賽大會，之後被確認為全國首屆「民運會」。此後，於 1982 年、1986 年、1990 年、1995 年、1999 年分別在呼和浩特、烏魯木齊、南寧、昆明、北京（拉薩設分賽場）舉行了第二、三、四、五、六屆全國少數民族傳統體育運動會，規模一屆比一屆大，項目一屆比一屆多，內容豐富，充分顯示出中華民族傳統體育的生氣與活力。（註3）而在第六屆中，部份比賽項目、馬上項目和表演項目是在拉薩設分賽場舉行，運動會其間，兩地也分別舉辦了民族文化節、民族藝術週、民族大聯歡、民族題材攝影展等一系列文化活動，同時也表彰了一批為民族體育事業有突出貢獻的先進集體和個人。（註4）由上述可知，要建立起一個具有特色的民族活動，是需要結合有心人士共同完成的。可惜的是，由於中華民族博物館未開放參觀，此行不免有遺珠之憾，然而吾等卻已瞭解到大陸近年來對少數民族文化的重視與發揚的過程。

紫禁城，又稱故宮，是明清兩代的皇宮，建於明成祖永樂十八年（1420 年），至今已有 580 多年的歷史，位於北京城的中心，占地 72 萬㎡，有房屋 8700 間，是中國現存最大最完整的宮殿建築群。1987 年聯合國教科文組織將故宮列入世界文化遺產保護項目。（註 5）博物館的設立，必須仰賴先天的條件，以及後天的規劃與維護，因此筆者參訪時並不能進入各個宮殿內，只能在門口外細心觀察，卻也能置身其中，撫今追昔。

　　天津市的藝術博物館座落於和平區承德道 12 號，於 1957 年 12 月 10 日正式對外開放，展覽面積 1000 平方米，有藏品 4 萬餘件。其中的《雪景寒林圖》是大陸僅存的一件北宋（960-1127）范寬的作品，這幅畫經歷了英法聯軍和十年動亂兩次浩劫，仍完整地保留着，成為天津藝術博物館之寶。（註 6）可惜筆者未能親見，筆者一行人去參訪時並未開放參觀，特別因應我們的到訪而開放，這棟 3 層樓房始建於 1908 年，原是法商的東方匯理銀行。因此，有著濃郁的巴洛克建築風格，也因此樹立了天津藝術博物館的造型特色。經由館內解說員告知，由於這棟建築物已準備拍賣，因此裡面的展品所陳列的文物並不多，筆者只見到一些陶磁器、天津刻磚、「泥人張」彩塑等頗具特色的民間藝術工藝品。曾經風華一時的天津藝術博物館建築，隨著年代的久遠，世紀的交替，也不得不走入於歷史之中。

　　相較於前面幾個博物館，上海博物館則較具現代化，設備新穎，建築設計非常具有特色，整棟建築是上圓下方的造

型，寓意中國的傳統說法-「天圓地方」。從遠處眺望，宛如一尊古代的青銅器，是以一個「鼎」的復古式的造型來構成其外觀，是古代與現代成功結合的極佳範例。上海博物館創建於 1952 年，新館於 1996 年 10 月建成，是中國古代藝術博物館，建築面積 3.8 萬平方米，地下二層，地面五層，建築高度 29.5 米，館藏珍貴文物 12 萬件，青銅器、陶瓷器、書畫為館藏特色。（註 7）

上海博物館設有青銅、陶瓷、書法、繪畫、雕塑、璽印、玉器、家具、錢幣、少數民族工藝十個專題陳列館，一個捐贈文物專館和三個展覽廳。展品上起新石器時代、下至明清及近代。三個展覽廳不定期地舉辦海內外各博物館的珍貴文物和藝術品展覽。（註 8）就筆者的觀察，每一館廳都有一位管理人員負責看館，並且都可以拍照，令筆者頗為訝異！除此之外每一館廳都有一些簡介或者小常識的說明，頗為貼心，且富教育意義。有許多當地的國中生正很努力的觀察並做筆記，因為裡面可學的東西實在太多了。舉個例子，如果想要瞭解古代的貨幣，走一趟四樓的歷代錢幣館，恐怕比你滔滔不絕的精采講演還來得印象深刻吧！該館更有週六學生團體免費入場的時間（17:00-19:00），設想頗為周到。

值得深思的一件事，在少數民族工藝館的簡介中，對於蘭嶼島上的彩繪木雕漁船誤以為是阿美族人所製做，顯見大陸方面對台灣目前的十大族，並未有一深刻的體認，而統稱高山族，殊不知這十族各有各的文化特色。以蘭嶼島上的雅

美族（達悟）為例，由於獨居海外，因此發展出獨特的海洋
文化。（註9）其中尤以春、夏之間的飛魚季最為世人熟知，
也是上天賜予雅美人重要的食物來源。全年的歲時祭儀也多
伴配合飛魚的捕魚活動而運行，而彩繪木雕漁船細膩的雕
刻，即是一項非常具有特色的工藝作品。

　　浙江博物館建立於 1929 年，由原清帝行宮之舊有建築和
江南著名的藏書樓文瀾閣等部份組成，是中國大陸早期的博
物館之一。1993 年擴建工程竣工，新館占地面積 2.04 萬平方
米，新建的館舍有大小展廳 16 個。1999 年又建立了西湖美
術館。（註 10）位於西子湖畔的浙江博物館，有著風光明媚
的景緻，襯托出其悠久的歷史文化。它是以一個園區的型式
所構成的，因此有很多中國傳統建築的館區，包括主樓、書
畫館、青瓷館、西湖美術館、文瀾閣等。館內的展品主要有
以河姆渡遺址為代表的新石器時代的文物，以及銅器、青瓷、
歷代書畫等。

　　一進入其主樓，即可看見「浙江七千年」五個大字，究
其原因乃知，原來 1970 年代餘姚河姆渡遺址的兩次發掘，不
僅是浙江省新石器時代考古的重大突破，也得到國外學術界
的重視。由於河姆渡遺址一直深埋在水位之下，不僅陶、石
器保存完好，而且眾多的動、植物、骨、角、牙、木、漆器，
大量的木構建築等幾乎都保存至今，是新石器時代遺址中罕
見的寶庫。最遠的年代推算到七千年前。（註 11）而其主樓也
就是將整個浙江省的歷史，從新石器時代一直到現代將其完

整的呈現出來。其中筆者印象最深刻的就是對於秋謹女士遺物陳列的用心，除了手稿文件，也為其塑像，英氣勃發，堪稱為女中豪傑。

其中，文瀾閣在浙江省博物館內，是藏放四庫全書的七大書閣之一。始建於清乾隆四十九年（1784），咸豐十一年（1861）太平天國軍隊攻占杭州被毀，重建於光緒六年（1880）。目前這套書則遷於不遠處孤山山頂的「青白山居」，而吾等在圖書館看到的是文淵閣四庫全書，為台灣所出版。（註12）除此之外還有劍石、美女石、御膳房、御碑亭、大碑亭等。因此，整個園區其實就是一個歷史文化的保存地。

「遺址博物館學」，是屬於社會科學中博物館學的分支。它是針對遺址所在地規劃而成的特定性質博物館，所作的理論與實際的研究。（註13）

而定陵博物館就是此遺址型的博物館。定陵，是明朝第十三帝朱翊鈞及兩位皇后的陵寢，建於西元 1584 年至 1590 年。經考古人員發掘，於 1957 年成功地打開了埋藏地下近四百年的玄宮（墓室）。（註14）館內展出了許多珍貴的歷史文物，其中出土的金銀器 580 件，更代表了皇權的象徵，而其地下宮殿是陵墓的主要部分，是放棺槨的所在，有樓梯可至深達 27 米的墓室，墓室由有五座石室組成，金剛墻是其特點。（註15）台灣也有許多遺址型的博物館，如卑南遺址博物館、十三行遺址博物館等，也都非常具有特色。

歸結上述，大陸博物館的成立有著天時地利的良好條件，只要細心的規劃與設計，往往皆能達到很傑出的效果。

從 1905 年中國著名實業家張謇建立的第一座博物館-「南通博物苑」開始，大陸博物館的發展，也將近有 100 年了。（註16）從大陸的中國體育博物館、中華民族博物院、故宮博物院、天津藝術博物館、上海博物館、浙江省博物館、定陵博物館等的型態來看，各有各的特色。體育博物館的建立，可說是體育界的驕傲。使得學習體育的人，更能瞭解整個體育史的進程；對體育不瞭解的人，更能一新耳目，瞭解到體育的專業。其次，中華民族博物院對少數民族的重視，更是尊重多元文化的表現。故宮博物院的維護與保存，值得借鏡；再者，天津藝術博物館的轉型、上海博物館的現代化、浙江省博物館的歷史成長，以及定陵博物館-遺址型博物館學的日益重視，使得現代與遺跡的支點上，尋求到一個平衡。都足以做為日後規劃臺灣體育博物館的史鏡。

## 參、臺灣體育博物館未來應有的新思維

近年來，隨著地球的變化或人類對文化認知上之差距，導致了博物館所發揮的功能以及角色有所不同；換句話說，文物的展示、維修與保管在昔日是博物館首要營運的目標與工作。然而，現代博物館的經營則被要求多元化。今日的博物館工作人員與研究範例也愈來愈多；善用博物館的收藏品，蒐集相關資料並加以整理，使得此等寶貴的資源成為終身教育或機會教育的活教材。博物館有時後還可提供一些實際表演、甚至還可成為互相溝通的場地。因此，博物館人員必須要專業化、精緻化。（註 17）然而，目前台灣只有一所

台南藝術學院博物館學研究所而已，（註 18）可喜的是，輔仁大學也將於民國 91 年 4 月成立博物館學研究所，據輔大教授周功鑫指出，台灣博物館發展速度甚快，專業人才卻很缺乏。（註 19）因此，人才的培育是一件亟為迫切之事。另外從經營的角度來看，以臺北縣鶯歌陶瓷博物館為例，在春節期間舉辦了各式各樣的活動，每天吸引了超過五千人次的參與，（註 20）而屏東車城鄉的國立海洋生物博物館，春節期間更湧入近二十萬的參觀人次。（註 21）這兩座一北一南不同型態的博物館，之所以能吸引人潮，無非是經營的方式已達到了多元性、教育性、表演性、溝通式的經營理念了。

傳統的博物館學者，都是以博物館的目的機能為研究中心，即收藏、研究、展示、教育，也就是博物館「專業的」範疇。至於博物館的手段機能，如組織、建築、管理、營運，都認為那不是專業而是行政。其次博物館專業人員，因為分工細密，往往只知道專其所專，不知道專外還應有博，所以有人連最基本的博物館學亦漠不關心，甚至不屑一顧，等於做了和尚不會唸經。（註 22）

據國立海洋生物博物館館長指出，「迄今國內對博物館本身的定義及內涵上未能隨著時代的變遷而進步，一般而言，大都還停留在館藏多少，觀眾多少的觀念上，以致在隨之而來的經營管理，推廣行銷，甚至在官方的組織定位及政治眼光上，都有令人施展不開的侷促感。因此，新世紀的博物館定義是一種可以集合有形及無形的知識，引領人們回顧、緬

懷、欣賞、仰慕，進而激勵衍發，以創造新生文化的組織，它是硬體、展品、人才，以及使得博物館得以有效運作軟體的總成。」(註23)

由上可知，二十一世紀的博物館，是一種新生的文化組織，而對於博物館的認知上也必須與時俱進，才能使博物館在新的世紀中有所突破。

因此，博物館展現的風貌將不再只是比建築物的大小，收藏品的多少；而是可以運用各種向外延伸的觸角，譬如電子網路、科教活動、學術論文、光碟書籍，甚至休閒設施，社區資源，帶動整個社會文化演進的單元體。(註24)

由此可知，未來台灣體育博物館的建立，應朝目的機能之收藏、研究、展示、教育；手段機能之組織、建築、管理、營運等方向去努力，才不會淪於舊有的模式之中。除此之外，博物館之週邊科學，如商學（Business）、法學（Law）、社會學（Sociology）、心理學（Psychology）、媒體科技（Science & Technology）和行為科學（Behavioral Science ）等，都是今日博物館與博物館學同樣需要的科學。(註 25) 因此，博物館未來發展的趨勢，具有全面性、整體性與時代性的歷史任務。而台灣體育博物館未來之規劃也應考量這些週邊科學的應用，方能在 21 世紀中屹立不搖。

## 肆、臺灣體育博物館未來的規劃方向

　　台灣博物館事業近十年來正方興未艾，走著如同台灣其他產業曾經歷的路，游走於「自創品牌」亦或是「直接引進」的抉擇之間，痛苦掙扎於「有就好」亦或是「好還要更好」的品質標準之中。要問台灣博物館特色是什麼？應該是「越自己越美麗」，也就是說，越台灣本土化就越國際化。（註26）

　　從大陸的實地考察，再加上文獻的蒐集與分析，筆者不斷的思考，要如何才能建立臺灣體育博物館應有的特色，有如台北故宮的遠近馳名。在台灣特有的文化中，如何走出自己的一條路，是筆者所特別重視的。因此，在既有的新博物館學及新博物館運動所建立之基礎下，臺灣體育博物館的前景是可以期待的。而筆者以為從教育的觀點來從事臺灣體育博物館的規劃是最直接而有效的方式。從一開始，博物館的概念即源於希臘語的「Mouseion」，而它的概念指的就是：知識的傳播、科學的研究以及高度綜合性的文化殿堂。（註27）因此，博物館代表理想的學習環境，是最適合民眾終身學習的地方。唯，博物館與學校教育場所最大的差異，在於學習的內容與方法。博物館中的學習，注重自我導向，並且是以「物件」為組織或思考各種展示和教育活動的依據。（註28）因此，相教於其他場所的教育活動，博物館的長處就在於它可透過具體的物件，呈現出較生動活潑的教材；透過實地的操作，教材所傳遞的訊息更容易為學習者所理解。（註29）為了讓大家能瞭解到臺灣體育的整個進程並建立特色，筆者

以為可學習浙江省博物館的做法，將整個台灣體育史構建出來，建立特有的文化特色，因此，博物館學專家必須和體育史學專家、體育人類學專家以及台灣民俗體育（傳統體育）的專家，再輔以週邊的科學專家共同相互合作與努力。

臺灣原住民雖然族系眾多，卻沒有任何族系擁有文字，沒有任何一個族群曾經把他們在台灣數千年的經歷用文字記載下來，以致於以他們為唯一主人期間（1620 年以前）的幾千年台灣歷史形成一片空白。（註 30）

清人巡臺給事中六十七所著的《番社采風圖考》中，記有當時番人生活的情況，如捕鹿、射魚、服牛、鬥走、戲毯、鞦韆、會飲等等。（註 31）因此，如何讓當時原住民最早的體育活動還原，使後代子孫瞭解，可借鏡大陸體育博物館將馬毯、蹴鞠；浙江省博物館河姆渡文化模型呈現的方式，使人印象深刻。另外就保存原住民的體育文化活動而言，如「卑南大獵祭」-是卑南族男子接受考驗與經驗傳承的重要祭典，也是他們傳統的授獵文化精神。（註 32）台灣體育博物館更應加以蒐集保存其體育文化，建構有特色的台灣體育博物館。再者，從台灣人民的一般民俗體育活動觀之，也有一些值得予以保留傳承的。如嘉義市光路里的「高空盪鞦韆比賽」。就拿鞦韆的架子來說，全以古法搭成，材料是用碩大的粗刺竹，由於架子高達四、五層樓，竹子必須又大又粗，因此，要到深山竹林內尋找才能得到。（註 33）有鑑於此，諸如此類具有台灣民俗體育活動的項目，實應加以特別重視。

　　就建築物的特色來說，筆者以為非常的重要，因為它可以很容易吸引民眾及媒體的關注。以韓國京畿道博物館為例，它考量地方文化特色，加上前瞻的設計，並模仿水原的代表遺跡-「火城」（朝鮮時代所建之城堡）而完工的硬體設備，兼具歷史、文化性且建築優美，因而得到各界的讚美與好評。（註 34）與上海體育博物館有異曲同工之妙。因此，筆者以為，台灣體育博物館的建立，應以整個區域的型態加以規劃，設置各個專題陳列館展示，並輔以多媒體的運用。特別值得一提的是，由於資訊全球化後，造成國際間的博物館交流極為普遍，表現民族特色，反而更能引起全球的關注，只有強調與眾不同的特色，才能踏入世界的舞臺。（註 35）因此，在複雜又多元的台灣文化中，台灣體育博物館的建立，應善用台灣特有的體育文化特色，無論是在建築上、內容上都能有所突破，方能在世界的博物館中，佔有一席之地。

　　綜而言之，台灣體育博物館未來的規劃方向，應以教育的觀點出發，跨學門的合作，並以原住民的體育活動為起點，並結合台灣傳統的民俗體育與現代體育，再加上有特色的園區規畫與建築設計，必能建構出有特色的台灣體育博物館。

## 伍、結論

　　迎接二十一世紀的同時，台灣第一座體育博物館的成立，已是刻不容緩的事情。經由吳騰達教授具有前瞻視野的帶領之下，筆者方能深入實地考察大陸中國體育博物館及一

些具有特色的博物館，再經由蒐集相關文獻的理論與知識，試圖從學理中印證博物館的實際之後，進而探索未來建構台灣體育博物館的方向。

從大陸中國體育博物館古代體育廳的古代體育文化活動，中華民族博物院的各民族介紹，故宮博物院的優越條件，上海博物館的造型特色，天津藝術博物館的地方藝術，浙江博物館所呈現的整個歷史軌跡以及遺址型的定陵博物館，吾等皆可瞭解其獨特的文化組織。

由於近年來經濟、科技、休閒與全球 e 化的關係，整個博物館的生態與思維產生了重大的衝擊，為了能與整個世界體系的相互融合，博物館學的新運動也油然而生。是以，博物館未來的發展趨勢將是以多元化的方向去拓展，不能再故步自封，孤芳自賞，應朝培育人才、結合各方人才與學門共同努力之。

再者，內容規劃上，應以原住民的體育活動為起點並典藏台灣民俗體育活動，進而結合現代體育活動；再搭配具有特色的園區式建築設計並輔以創新的行銷策略，相信必能開花結果，台灣體育博物館才能在國際舞台中脫穎而出。

總之，台灣體育博物館的成立，將是博物館學界的大事，更是體育界的榮耀。然而，未來如何催生與完成，將是一條極富挑戰的道路。

# 參考文獻

註 1： 謝義勇，〈現代博物館發展趨勢與同仁因應之道〉，《科技博物》2 卷 6 期，民國 87 年 11 月，頁 8。

註 2： 資料來源為林厚儒主編之《中國體育博物館簡介》。

註 3： 白晉湘等主編，《民族傳統體育教程》，湖南長沙：中南工業大學出版社，2000 年 3 月，頁 2-3。

註 4： 胡小明等主編，《民族體育》，廣西桂林：廣西師範大學出版社，2000 年 12 月，頁 16-17。

註 5： 故宮博物院，紫禁城宮殿（2002）。
http://www.dpm.org.cn/china/F/Fa.htm。

註 6： 天津市人民政府新聞辦公室編，《天津文物館藏簡介》。

註 7： 上海博物館參觀指南。

註 8： 上海博物館參觀指南。

註 9： 依據原住民資訊網
（http://tourism.pu.edu.tw/nativetravel/web/abo/Tao/Tao_5.htm）指出：雅美族居住於台東外海的蘭嶼島上，雅美人自稱「達悟」，是「人」的意思。「雅美」詞是日本人鳥居龍藏所命名，西元一九九五年，旅台的雅美青年成立「達悟同鄉會」有意正名「雅美」為「達悟」。

註 10：詳見董保華，〈在走進新世紀-博物館論壇上的講話〉，

《東方博物》第五輯，浙江大學出版社，2000 年 6 月，頁 1。曹錦炎、蔡琴，〈21 世紀中國博物館的機遇和挑戰〉《東方博物》第五輯，浙江大學出版社，2000 年 6 月，頁 21-22。

註 11：王明達，〈浙江省五十年來史前考古的主要收穫〉，《東方博物》第四輯，浙江大學出版社，1999 年 11 月，頁 12。

註 12：希冷，〈記文瀾閣「四庫全書」的厄難〉，《歷史月刊》137 期，民國 88 年 6 月，頁 4-8。

註 13：林曉琦，〈理論指導與實務應用並重的文物管理-《遺址型博物館學概論》評介〉，《中國文化月刊》247 期，民國 89 年 10 月，頁 104。

註 14：定陵博物館簡介。

註 15：金剛墻是古代地下墻體的通稱。墻身正對玄宮中線部位有「圭」字型開口。帝后梓宮（棺材）入葬經開口進入，葬畢以城磚封砌，然後回填隧道。

註 16：董保華，〈在走進新世紀-博物館論壇上的講話〉，《東方博物》第五輯，浙江大學出版社，2000 年 6 月，頁 1。

註 17：李仁淑著，成耆仁譯，〈新博物館運動之開始〉，《歷史文物》11 卷 6 期，2001 年 6 月，頁 88。

註 18：秦裕傑，〈博物館學新論〉，《故宮文物月刊》18 卷 10 期，民國 90 年 1 月，頁 95。

註 19：〈輔大博物館學研究所 四月招生〉，《人間福報》，民國九十一年二月十六日 5 版。這座號稱亞太地區第一所綜合大學博物館學研究所，課程設計是以跨領域的方向為主。第三年還安排學生赴國外博物館實習。

註 20：林家群，〈鶯歌陶博館 新春樂陶陶〉，《中國時報》，民國九十一年二月十七日 19 版。

註 21：徐富癸，〈車城海生館紅不讓 元宵龍王搶親〉，《聯合報》，民國九十一年二月十八日 19 版。

註 22：秦裕傑，〈博物館學新論〉，《故宮文物月刊》18 卷 10 期，民國 90 年 1 月，頁 81。

註 23：同前註，頁 82。

註 24：方力行，〈博物館定義、內涵 與時俱進〉，《中國時報》，民國九十年十二月二十日 15 版。

註 25：同前註。

註 26：桂雅文，〈劍湖山博物館『大演化』主題展示館-規劃經驗〉，《科技博物》3 卷 1 期，民國 88 年 1 月，頁 51。

註 27：嚴建強，〈關於現行博物館定義的札記〉，《東方博物》第四輯，浙江大學出版社，1999 年 11 月，頁 239。

註 28：黃明月，〈博物館與自我導向學習〉，《博物館學季刊》11 卷 4 期，民國 86 年 12 月，頁 31-32。

註 29：何青蓉，〈從終身學習談博物館教育〉，《博物館學季刊》14 卷 2 期，民國 89 年 6 月，頁 7-14。

註 30：潘英，《台灣原住民的歷史源流》，台北市：臺原出版社，1998 年 10 月，頁 17。

註 31：六十七(清)，《番社采風圖考》，南投市：臺灣省文獻委員會，民國 85 年 9 月，頁 1-19。

註 32：汪智博，〈卑南大獵祭 情與法的拔河〉，《中國時報》，民國九十一年一月二十日 21 版。

註 33：夜荷，〈高空盪鞦韆比賽〉，《台灣博物》18 卷 3 期，民國 88 年 9 月，頁 60-63。據光路里的里長透露，這項富有民俗色彩的運動，在光路里流傳已久，應從鄭成功收復台灣後，先民自福建漳州府移來時就有的！老一輩的人說，剛移居此地時，由於醫藥不足，許多村民生病了，於是老百姓巷玄天上帝執筊杯，神明指示，該村的東方有一妖穴，經常有妖魂出來作怪，破妖法很簡單，每逢農曆閏年，舉辦高空盪鞦韆比賽，敲鑼打鼓，熱熱鬧鬧喧騰一番，即能將妖孽趕走。

註 34：李仁淑著，成耆仁譯，〈新博物館運動之開始〉，《歷史文物》11 卷 6 期，2001 年 6 月，頁 89-90。

註 35：許峰旗、楊裕富，〈資訊全球化對博物館展示的影響〉，《台灣博物》20 卷 4 期，民國 90 年 12 月，頁 87-89。

（本文摘自台東師範學院出版之體育博物館論壇論文集，2003 年 1 月）

# 教師分級與教師評鑑

## 壹、前言

　　教育部最近完成教師法草案初步修訂工作，確立未來中小學教師將採分級制（中央日報，民 90）。新制度規定，高中職以下及幼稚園教師，劃分為初階、中階、高階、顧問等四個教師等級，若經立法院三讀通過，將是我國教育史上的一大突破，而在實施分級之前，如果無法將教師評鑑制度做妥善規劃，那麼教師分級制之制度，將受到嚴重的考驗。因此，教育部長曾志朗先生曾表示：在落實教師分級制之前，宜優先建立教師評鑑制度。

　　有鑑於此，本文擬就教師分級與教師評鑑兩個主題，透過蒐集相關資料後予以歸納探討並提出建議，供行政主管機關、教育界的伙伴們參考，以增進中小學教師的專業成長，提昇中小學教師的專業地位。

## 貳、教師分級制度

　　依據教師分級制度規劃專案主持人，國立高雄師範大學教育學院院長，蔡培村教授（民90）指出，教師分級制度之主要內容為：

### 一、教師分級制度之目標與適用對象

教師分級，旨在提昇教育品質，促進高級中等以下各級學校及幼稚園教師的專業成長。

二、教師級別

為了彰顯各階教師名稱，係以形成生涯梯為考量，以初階教師、中階教師、高階教師、顧問教師稱之，避免家長、學童以教師等級來評判。

三、分級之機制

現行之年資提敘維持不變，學術研究費，則依教師之晉級情況支給，並將教學評鑑納為教師之義務。

四、各階教師功能職責

明定教師之職責，按其級別有所區分，並對校長回任教師及時數酌減，予以規劃，以利配合學校行政或研究發展。

五、晉級之申請

由教師檢具進修或研究內容及時數資料，專業表現評定成績證明文件，服務年資資料，各按擬晉級之級別，向學校或主管教育行政機關提出申請，以連續擔任同一級別教師達八年以上，現任教師以服務年資八年為依據。

六、分級審查

初階教師免審查，以聘任當時現況為依據，中階教師及高階教師由各校辦理初審，通過後報請主管教育行政機關複審，並因特殊需要限制顧問教師晉級比例。

## 七、審查組織

主管教育行政機及各級學校，應成立教師晉級審查委員會，由各級學校校長、學校行政人員、教師代表、及學者專家以及教育行政機關代表等組成。

## 八、審查項目與晉級條件

項目分為年資、進修及研究，專業表現等三項，以八年為各級別晉級所需基本年資，專業進修及研究達 288 小時，專業表現達 80 分（顧問教師 85 分）為標準。

## 九、教師專業表現評鑑

教師專業表現分為：教學績效、學生輔導、教學相關研究成果及教育服務推廣等項應，於教師任職期間由學校實施評鑑。

## 十、進修內涵及參與方式

分為學分學位進修、專業研習及學校本位進修。

綜而言之，教師分級制度乃以「學術研究費」之差異為主，也就是現行年資提敘仍維持不變，而「學術研究費」則依教師之晉級情況支給，此舉將有助於增進教師研究能力的提昇、教師的專業發展以及提昇教師地位。再則，教師評鑑制度仍有待進一步研究，無論是審查的組織、項目、相關法令乃至於專業表現仍存許多問題，需要進一步克服與解決。

然而如果教師分級做不到教師教學品質的評鑑，培養教師主動進修的能力、動機與態度，那麼只有形式上的意義，

因此專業評鑑才是提昇教師專業的最佳策略（張振成，民
90）。

以國內的大學為例，「教學工作」一直是存在的問題而且
不被重視，目前絕大多數的大學幾乎視論文發表為唯一升等
可評鑑的資料，只有教師的「升等程序」，卻沒有教師的考核
制度，大學教師因教學不佳必須離職者極罕見。以清大化學
系為例，數年前曾發生一教師為繼續追求國科會傑出研究
獎，而在大三課程使用大一教材的行為。諷刺的是，根據國
際間客觀的學術水準評鑑指標發現，臺灣的論文年平均被引
用率的整體平均水準是全球殿後的（曾孝明，民 89）。

由上可知，大學行之有年的教師升等制度都擺脫不了令
人垢病的一面，中小學教師分級與評鑑如何走出一條自己的
路也更令人憂心與重視。大學教師之所以受到尊重乃在於其
學術地位，然而與國際間相比，亦令人汗顏。因此中小學教
師如何在「學術研究」中有所突破，也是日後提昇教師專業
地位的一項重要指標。

1960 年才成立的英國愛丁堡大學電機系，於 96 年獲得
RAE 評鑑第一級名次，同時也獲得最佳品質的評鑑，該校的
策略之一是「研究工作要能有效帶動教學」（曾孝明，民 89）。
是故，研究與教學是相輔相成，否則無法達成教師評鑑之最
終目標。

歸納上述，教師分級制度是未來必行的政策，也是我們
無法迴避的一種責任，如何積極面對此一制度的實施，更有

賴教師本身的自我專業成長。然而在教師分級制度所面臨的關鍵問題--「教師評鑑」尚有爭議之時，就貿然實施的話，那麼未來，教師分級制度將遭受到嚴厲的考驗。

## 參、教師評鑑

評鑑是對事象加以審慎的評析，以量定其得失及原因，據以決定如何改進或重新計畫的過程（謝文全，民 79）。而國內學者（歐陽教、張德銳，民 82，簡紅珠，民 86）亦指出，評鑑是一種蒐集資料，以做價值判斷和做決策的歷程。綜而言之，評鑑是一種手段，其最終的目的是改進與革新。而教師評鑑，筆者以為乃是為了改進教師的專業發展與研究能力所進行的一種評量方法。

我國中小學教師評鑑雖然行之有年，但一向偏重於教師年度成績考核，而忽略了教師評鑑具有協助改進教學，促進教師專業成長的功能，實施的結果，除了幾乎人人均晉級並領取獎金之外，常流於形式，甚至對教師評鑑的意義及目的，也產生了許多誤解（張德銳，民 82）。

一般對教師評鑑之功能與目的所持的觀點，大略可分為兩種：一為專業導向的教師評鑑（形成性評鑑），二為行政導向的教師評鑑（總結性評鑑）。前者提供了教師有關教學得失之意見與建議，以協助教師改進教學或提供適當的在職進修課程與計畫，促進教師的專業發展。而後者是評定教師表現的優劣程度，以做為聘用教師、續聘教師、年度考績獎懲，以及處理不適任教師的依據（簡紅珠，民 86）。

從上述我們可瞭解到，教師年度成績考核，不等於教師評鑑，專業導向的教師評鑑，才是教師所信賴的，因為它可以改善教師之缺失，又不會讓教師的權利受到威脅，我們也可稱之為教師的專業發展評鑑模式。相反的，行政導向的教師評鑑，則容易受到教師的排擠，因為其攸關教師的加薪與晉級，而且又不易客觀的實施。

以目前中小學的教師成績考核辦法中，所依據教師之教學、品德、服務與勤惰來看，是無法獎勵出優秀的專業教師（郭隆興，民 82）。教師的升遷管道只能從行政上轉進，而未能像大學中有教師升等的辦法，造成了社會上許多錯誤的觀念，認為中小學教師在自我進修上，不夠專業，不夠努力。

因此，現今與未來的教師評鑑，更應克服目前的缺失而有所突破。臺灣省國民教師研習會主任，羅清水（民 88）指出，教師評鑑制度所面臨的困境有以下四點：

**一、評鑑內涵無法真正評量教師工作表現**

教師工作表現中，許多是行為、態度等「質」的改變，目前仍無法建立一套完全量化的工具來評鑑，因此無法真實評鑑出教師的工作表現。

**二、教師評鑑制度尚未真正建立**

當前教師評鑑是以總結性評鑑為主，且多以形式的評鑑表格來評鑑空洞的教學績效，而且諸多教師心理排斥教師評鑑，導致教師評鑑制度無法落實。

### 三、缺乏人力與時間實施教師評鑑

教師評鑑是長期性的工作亦是發展性工作，每位教師要實施評鑑均需長期蒐集資料、觀摩討論，無論是自我評鑑、或是同儕、校外人士評鑑，以目前的教師員額編制及教學時數，增加了許多負擔，實施教師評鑑的外在條件上即已受到限制。

### 四、教師評鑑未能與教師發展相結合

教師評鑑工作是長期性的，與教師生涯發展及專業發展有密切關係。在我國現階段教師考核工作只是為教師升級與否做評量，考核結束之後並未對成績不佳的教師加以輔導或提供咨詢，失去考核評鑑的意義。

歸納上述，目前我國如欲推行教師評鑑制度除了外在條件仍需要克服之外，評鑑的工具、教師的觀念以及評鑑之後的輔導措施，都還有待進一步去設計與規劃。尤其，中小學教師長期以來就被額外的行政工作、各式各樣的配合活動以及滿滿的課表壓得無法喘息，國小教師員額編制更是遭受到不平的待遇，如果以上問題未被解決，又怎能要求，將比現行大學教師更嚴謹的教師評鑑工作，加諸在中小學教師的身上呢？

## 肆、建議與結語

針對上述所討論的問題，筆者提出下列四點建議：

### 一、教師員額編制應提高，班級人數、授課時數宜減少

教師評鑑制度的實行需要相當多的人力、物力與財力，以現行中小學的工作性質，實在已沒有額外的人員、多餘的心力來進行此項複雜而又嚴謹的工作，因此，唯有提高教師編制、降低班級人數以及授課時數的減少，方能在教學上、學生輔導上、教材研發設計上有所突破，教師才樂於接受評鑑，否則外在環境尚未解決又要加以評鑑，實非教育之福。以大學教師為例，他們有充裕的時間做研究，有充份的時間準備教材，而且導師制度形同虛設，與中小學的導師狀況截然不同，值得深思。

### 二、開放教師研究及進修的時間與空間

目前，各師大、師院所開設的在職進修碩士學位專班已愈來愈多，令人欣慰。每年也吸引為數不少的教師參與報名考試，然而僧多粥少，仍有為數不少想要進修的教師不得其門而入，如在未來能持續廣開此進修管道，無論是夜間班、周末班、暑期班，相信日後中小學教師的研究能力將大幅提昇，在現今「行動研究」逐漸受到重視的同時，更有賴站在第一線教育人員的投入。誠如張德銳教授所言：「中小學教師勿再做巴夫洛夫的狗」，實在有如暮鼓晨鐘那樣的發人深思。

### 三、建立嚴謹、多元、多樣的評鑑制度

評鑑制度應兼顧形性評鑑與總結性評鑑，才能落實評鑑的目的，而且方法應多樣化，如教學檔案、問卷、觀摩、晤談、人際溝通、學生相關事件處理、校內行政事務處理以及研究與進修等。唯有如此才能很客觀的將各個層面評鑑出來，但是如何量化，有待專家學者更深入的研究。再則，評鑑的組織人員也應該多元化，避免集中在少數人身上，才能達到公開、公平、公正的原則。

### 四、教師分級應與教師評鑑互相結合

教師評鑑的目的旨在輔導教師修正自我的缺點，促進教師的專業成長；教師分級的目的在建立教師的專業地位，提昇教育品質。因此，教師分級應以教師評鑑為基礎，教師評鑑以教師分級為依歸，鼓勵那些教學成效優良之教師，進而帶動全體教師，為教師之專業地位而努力。

二十一世紀的來臨，帶給人類更多的希望，而教育在此關鍵時刻，更顯出其重要性，一旦教師分級制度經立法院三讀通過，緊接著教師評鑑制度就跟隨而來，這是一種趨勢，也是一股潮流，然而教師評鑑制度的辦法應先在教師分級制度實施前出爐，藉時，爭議才能降到最低。同時也希望教育行政主管機關，能將相關配套措施規劃妥當，才能達到教師分級與教師評鑑的最終目標。

# 參考文獻

1. 中央日報（民 90）。<u>中小學教師將採分級制</u>，90 年 4 月 22 日第 13 版。

2. 吳貞宜（民 89）。我國中小學實施教師評鑑制度之探討。<u>教師之友</u>，41（2），頁 2-9。

3. 徐敏榮（民 90）。教師評鑑行不行？教師評鑑問題之探討與因應之道。<u>師友</u>，403，頁 46-49。

4. 陳美博（民 89）。國小教師評鑑制度之探討。<u>國教天地</u>，138，頁 40-44。

5. 郭隆興（民 82）。學校組織目標與結構對現行公立學校人員成績考核辦法之啟示。<u>現代教育</u>，29，48-71。

6. 張振成（民 90）。教師分級制度的探討。<u>師友</u>，405，頁 4-11。

7. 張德銳（民 82）。教師評鑑與教師專業成長。<u>國教世紀</u>，28（6），頁 50-54。

8. 張德銳（民 85）。國小教師成績考核系統之研究。教育研究資訊，4（5），頁 89-99。

9. 曾孝明（民 89）。教師評鑑制度--優先事項及必要性。<u>資訊傳播與圖書館學</u> 6（3），頁 19-39。

10. 蔡培村（民 90）。教師分級制度規劃的內容與思維。<u>師友</u>，405，頁 4-11。

11. 歐陽教、張德銳（民 82）。教師評鑑模式之研究。<u>教育研究資訊</u>，1（2），頁 90-100。

12. 謝文全（民 79）。<u>教育行政－理論與實務。</u>台北市，文景出版社，頁 358。

13. 簡紅珠（民 86）。專業導向的教師評鑑。<u>北縣教育</u> 16，頁 19-22。

14. 羅清水（民 88）。教師專業發展的另一途徑--談教師評鑑制度的建立。<u>研習資訊</u>，16（1），頁 1-10。

（本文摘自桃園文教 21 期，2001 年 8 月）

國家圖書館出版品預行編目

學校體育探微 / 文多斌著. -- 一版.
臺北市：秀威資訊科技, 2005[民 94]
　面；　　公分. --　參考書目：面
ISBN 978-986-7263-04-9（平裝）
1. 體育 - 教學法
2. 運動

528.921　　　　　　　　　　94001768

社會科學類　AF0013

# 學校體育探微

作　　者 / 文多斌
發 行 人 / 宋政坤
執行編輯 / 李坤城
圖文排版 / 劉逸倩
封面設計 / 羅季芬
數位轉譯 / 徐真玉　沈裕閔
圖書銷售 / 林怡君
網路服務 / 徐國晉
出版印製 / 秀威資訊科技股份有限公司
　　　　　　台北市內湖區瑞光路 583 巷 25 號 1 樓
　　　　　　電話：02-2657-9211　　　　傳真：02-2657-9106
　　　　　　E-mail：service@showwe.com.tw
經 銷 商 / 紅螞蟻圖書有限公司
　　　　　　台北市內湖區舊宗路二段 121 巷 28、32 號 4 樓
　　　　　　電話：02-2795-3656　　　　傳真：02-2795-4100
　　　　　　http://www.e-redant.com

2006 年 7 月 BOD 再刷
定價：190 元

# 讀 者 回 函 卡

感謝您購買本書，為提升服務品質，煩請填寫以下問卷，收到您的寶貴意見後，我們會仔細收藏記錄並回贈紀念品，謝謝！

1.您購買的書名：_____

2.您從何得知本書的消息？

　　□網路書店　□部落格　□資料庫搜尋　□書訊　□電子報　□書店

　　□平面媒體　□ 朋友推薦　□網站推薦　□其他_____

3.您對本書的評價：(請填代號　1.非常滿意 2.滿意 3.尚可 4.再改進)

　　封面設計____　版面編排____　內容____　文/譯筆____　價格____

4.讀完書後您覺得：

　　□很有收獲　□有收獲　□收獲不多　□沒收獲

5.您會推薦本書給朋友嗎？

　　□會　□不會，為什麼？_____

6.其他寶貴的意見：_____

_____

_____

_____

## 讀者基本資料

姓名：_____　　年齡：_____　性別：□女 □男

聯絡電話：_____　E-mail：_____

地址：_____

學歷：□高中(含)以下　　□高中　□專科學校　□大學

　　　□研究所(含)以上 □其他_____

職業：□製造業 □金融業 □資訊業 □軍警 □傳播業 □自由業

　　　□服務業 □公務員 □教職　□學生 □其他_____

To：114

台北市內湖區瑞光路 583 巷 25 號 1 樓

秀威資訊科技股份有限公司　　　收

寄件人姓名：

寄件人地址：□□□

--------------------------------------------------

**秀威與 BOD**

BOD（Books On Demand）是數位出版的大趨勢，秀威資訊率先運用 POD 數位印刷設備來生產書籍，並提供作者全程數位出版服務，致使書籍產銷零庫存，知識傳承不絕版，目前已開闢以下書系：

一、BOD 學術著作—專業論述的閱讀延伸
二、BOD 個人著作—分享生命的心路歷程
三、BOD 旅遊著作—個人深度旅遊文學創作
四、BOD 大陸學者—大陸專業學者學術出版
五、POD 獨家經銷—數位產製的代發行書籍

BOD 秀威網路書店：www.showwe.com.tw
政府出版品網路書店：www.govbooks.com.tw

永不絕版的故事・自己寫・永不休止的音符・自己唱